Wilhelm Marr

Selbstständigkeit und Hoheitsrecht der freien Stadt

Hamburg sind ein Anachronismus geworden

Wilhelm Marr

Selbstständigkeit und Hoheitsrecht der freien Stadt Hamburg sind ein Anachronismus geworden

ISBN/EAN: 9783743639843

Hergestellt in Europa, USA, Kanada, Australien, Japan

Cover: Foto ©Suzi / pixelio.de

Weitere Bücher finden Sie auf **www.hansebooks.com**

Selbstständigkeit und Hoheitsrecht

der

freien Stadt Hamburg

sind ein

Anachronismus

geworden.

Eine kurze Beleuchtung hamburgischer Zustände,

dem königlich preußischen Ministerium des Auswärtigen

hochachtungsvoll gewidmet

von

W. Marr.

Hamburg 1866.

Selbstverlag des Verfassers.

Mit dem Erlöschen des Hansabundes war zugleich eine andere Richtung der Entwickelung der freien Städte vorgezeichnet. Sie waren darauf angewiesen, auf eine selbstständige Politik Verzicht zu leisten und selbst in ihren handelspolitischen Beziehungen, in der Abschließung von Handelsverträgen ꝛc. nicht weiter zu gehen, als sie in sich die Kraft hatten, solche Beziehungen und Verträge zu schützen und aufrechtzuhalten, eventuell ihre Verletzung zu ahnden.

Ein solches System war jedoch durch die Ausbreitung des Handels unmöglich geworden und die Hansestädte, wenigstens Hamburg und Bremen, durch ihren mächtigen transatlantischen Verkehr wurden gleichsam die Handelsresidenzen von ganz Deutschland.

Aber es waren Residenzen ganz eigenthümlicher Art. Residenzen, welche gezwungen waren, ihre eigene Steuerkraft zum Vortheil des Hinterlandes auszusaugen. Sie blieben im Zuwachs an Bevölkerung auffallend hinter den Städten des Binnenlandes zurück; ihre Bevölkerung ist sogar wesentlich eine fluctuirende und es giebt in ihnen äußerst wenige, wo nicht gar keine städtische Geschlechter. Denn wie viele Familien existiren in Hamburg, welche auf das Prädikat „alt-hamburgisch" Anspruch machen dürfen? — Dem Namen nach ist es eine verschwindend kleine Anzahl. Familien, welche ihren Familienglanz auch nur ein einziges Jahrhundert zu erhalten vermochten, giebt es keine einzige.

1*

Es liegt dies in der Natur des Handels. Wie Ebbe und Fluth treten hier die Namen zurück, tauchen dort neue auf. Der Handel selbst hat sich vielleicht ver= hundertfacht; die Bevölkerung, welche den Handel treibt, weist keine wesentliche Progression auf. Dennoch legt dieser Handel der Gesammtbevölkerung Lasten auf, deren direkter Nutzen nur einer verhältniß= mäßig geringen Anzahl von Kaufleuten zu Gute kommt. Indirekt aber profitirt ganz Deutschland an den Neue= rungen, welche Hamburg zur Erhaltung seines Handels und um mit andern Handelsplätzen concurriren zu können, schaffen muß. Es ist daher eine ganz naturgemäße Er= scheinung, daß mit dem Wachsen des Handels der Mittel= stand in Hamburg mehr und mehr verschwindet und dieser kleine Staat auf das Zeitalter der Extreme von Arm und Reich zuschreitet. Auf diesem Punkte angelangt, würde selbst den Repräsentanten des Handels die Steuer= last zu schwer werden, und naturgemäß ein Verfall, ein Rückwärtsschreiten eintreten müssen.

Wie kurios die Ausgaben des hamburger Staats= haushaltes repartirt sind, dafür möge ein Beispiel aus dem Budgetentwurf für 1866 Zeugniß ablegen.

Die Kosten für das gesammte Unterrichtswesen, wozu die Unterhaltungskosten des botanischen Gartens mitgerechnet sind, betragen . . . . Crt.♅ 144,714. —.

Dagegen betragen die „diplomi=

schen“ Kosten . . . . . . „ 98,575. —.

Für das Unterrichtswesen werden mit=

hin nur . . . . Crt.♅ 46,139. —.

mehr verwendet als für die hamburgische „Diplomatie“.

Wir unterhalten dafür folgende „Gesandschaften":

In Paris mit . . . . . . Crt.♯ 6,600. —.

„ London mit . . . . . „ 26,000. —.

„ Wien mit . . . . . . „ 10,625. —.

„ Berlin mit . . . . . „ 7,500. —.

„ Kopenhagen mit . . . „ 7,500. —.

„ Washington mit . . . „ 10,325. —.

Crt.♯ 68,550. —.

Ferner zahlen wir folgende Pöste:

General=Consulat in London . Crt.♯ 2,000. —.

Diplomatische Vertretung in Con=
stantinopel . . . . „ 1,500. —.

Legationskosten in Frankfurt a.M. „ 1,200. —.

Hamburger Repräsentationskosten „ 3,000. —.

Auslagen der Gesandschaften ꝛc. „ 8,000. —.

Missionen, Geschenke ꝛc. ꝛc. . . „ 13,500. —.

Telegraphie ꝛc. . . . . . . „ 825. —.

Crt.♯ 98,575. —.

Die auffallend winzige Chiffre von Crt.♯. 825. —.,
welche für **telegraphische** Depeschen und **sonstige**
nothwendige und kleine Ausgaben veranschlagt sind, spricht
dafür, daß die „diplomatische" Action Hamburgs nicht
sehr bedeutend sein muß, wie wir denn auch thatsächlich
wissen, daß die Vertreter Hamburgs in den fürstlichen Residenzen wesentlich — — Flaneurs sind. Denn die Mif=
fionen ꝛc., also die Extradiplomatie, übersteigt das
Gehalt unserer Gesandten in Paris und in Kopen=
hagen. Auch hat man es in den desfallsigen Debatten
über diesen Gegenstand ziemlich unverblümt zugegeben, daß

der hamburgische Chargé d'affaires wesentlich ein höherer Spion sei, welcher über die Intentionen der fremden Mächte den hamburger Senat au fait zu halten habe. In diesem Falle aber müssen die Gehälter der resp. Gesandten mesquin erscheinen, denn es ist unmöglich, mit solchen Bagatellen das zu thun, was man „repräsentiren" nennt, d. h. sich ohne eckige Spießbürgerlichkeit auf den Parquetten der Salons zu bewegen. Zudem ist es Thatsache, daß beim Abschluß von Handelsverträgen stets sachverständige Leute aus Hamburg extra deputirt werden, indem das Savoir der officiellen Repräsentation zu solchen praktischen Dingen häufig nicht auszureichen pflegt.

Noch fataler aber sind wir auf überseeischen Plätzen bestellt. Unsere dortigen Consulate sind in ihrer großen Mehrzahl ein Futter für die Titelsucht hamburgischer u. a. Kaufmannssöhne. Jeder Kaufmann wird uns Recht geben, wenn wir behaupten, ein großer Theil der Regierungen überseeischer Staaten respektirt geschlossene Handelsverträge nur in so weit und so lange, als die Bestimmungen solcher Verträge nicht in Collision mit den ephemären Interessen jener Regierungen kommen. Tritt ein solcher Fall ein — und dies kommt nur zu häufig vor — so ist unser „Consul" zu machtlos, vor Schaden zu bewahren, und da die Republik Hamburg selber machtlos ist, so würde er sich noch lächerlich dazu machen, wollte er in der Weise eines Consuls eines respektablen Staates auftreten. Die Consularvertretung ist daher wesentlich nichts als ein ohnmächtiger Humbug. Dagegen liegt es in der Macht eines solchen consularischen Jünglings, seinen eigenen Landsleuten, wenn diese zugleich seine

Concurrenten sind, eine Menge kleiner und wohlfeiler Schwierigkeiten in den Weg zu legen. Auch für diese Behauptung darf dreist an das Urtheil sachverständiger Kaufleute appellirt werden.

An Gesandten und Consuln besitzt Hamburg die Zahl von **292** Personen. Außerdem **102** in Hamburg residirende Gesandte und Consuln. Total **394** Personen.

Difficile est satyram non scribere!

Doch wir wollen dieser Versuchung widerstehen und nur hinzufügen, daß der Freistaat Hamburg 280,000 Seelen zählt, welche ein Budget von Ct. ℳ 11,265,833 aufzubringen haben.

Was die speciell diplomatische Vertretung anbetrifft, so ist ein Kleinstaat wie Hamburg zwar unfähig, direktes Unheil anzurichten, allein seine Machtlosigkeit nach außen hin stempelt seine Diplomatie zum nebenherlaufenden Supernumerarius. Ernsthafter dagegen ist das diplomatische Lager, welches fremde Mächte in Hamburg aufgeschlagen haben, und durch welches unsere Regierung in der unwürdigen Lage erhalten wird, von allen Seiten eine Pression auf sich ausüben zu lassen. Das diplomatische dolce far niente vor 1848 vertrieb sich die Zeit mit allerhand unbedeutenden Reclamationen gegen die Presse, ja gegen das Theater, während der eigentliche Theil seiner Arbeitskraft darin bestand, mit dem präsidirenden Bürgermeister im s. g. „Millionenclubb" Grabuge zu spielen, Diners zu geben und zu besuchen, die Geburten von Prinzen und Prinzessinnen zu notificiren ꝛc. ꝛc. — Jene idyllischen Zeiten sind leider vorüber, seit das Streben nach Bundesreform durch ganz Deutschland zuckt; seit ein öffentliches Leben existirt. Das allseitige Rütteln an der deutschen Bundes=verfassung brachte es mit sich, daß die auswärtige Diplo=matie eine regere Thätigkeit entfaltete, damit die hamburger Stimme am Bundestage nach der einen oder andern Seite beklagenswerther Rivalitäten hin ins Gewicht fallen möchte. Für den aufmerksamen Beobachter war es daher etwas weh=müthig Komisches, zu sehen, wie die maßgebenden Kreise auch im socialen Leben bald nach der schwarz=gelben, bald nach der schwarz=weißen Seite hin bemonstrirten; wie, je nachdem der politische Wind wehte, in den Gemächern unserer Gelbaristokratie bald die österreichischen, bald die preußischen Uniformen als Réclame für die herrschende Stimmung herangezogen wurden.

Aber welche Rolle spielte der hamburger Freistaat, trotz seiner aktiven und passiven Diplomatie und seiner consularischen Demi-monde-Diplomatie? Die Kläglichste, die man sich denken kann, das „Nichtsdurchbohrende Ge=fühl" in seiner höchsten Steifleinenhaftigkeit.

In der That, es fällt uns schwer, nicht bitter zu werden, wenn wir daran denken, wie im Februar 1864 über unser „Hoheitsrecht" hinweggetrampelt wurde; denn so lange man „selbstständig" genannt wird, will man doch gern einigermaßen achtungswerth in dieser Selbst=ständigkeit dastehen. Noch mehr aber afficirt uns der kurze Proceß, den Preußen mit uns in der letzten Zeit gemacht hat, als es kathegorisch verlangte, sich ihm mili=tairisch anzuschließen. Wo war da die Würde derer, welche auf den kurrulischen Sesseln saßen! Man wird

nicht behaupten wollen, die U e b e r z e u g u n g habe unsern
Senatoren die Nachgiebigkeit diktirt. Denn die wesent=
liche U e b e r z e u g u n g jener Herren ist die „S e l b s t=
s t ä n d i g k e i t u n d d a s H o h e i t s r e c h t" Hamburgs.
Und dieses hat, wie ein Kind einsehen muß, von dem
entfernt liegenden Oesterreich weniger zu fürchten, als von
dem benachbarten Preußen. Anstatt nun in staatsmännischer Klugheit — NB.
a u f d e m S t a n d p u n k t e d e s S e n a t s! — zu er=
klären, so sehr man auch p r i n z i p a l i t e r mit den
preußischen Vorschlägen einverstanden sei, so verböte Ham=
burgs Stellung als ein durch die Verträge von 1815
garantirter Freistaat, P a r t e i zu ergreifen in einem
Bürgerkriege, indem man dadurch in Gefahr käme, die
G a r a n t e n jener Verträge: Rußland, England, Frank=
reich, Oesterreich 2c., zu beleidigen, und ohne deren Ein=
stimmung per majora zu keiner s e l b s t s t ä n d i g e n
K r i e g s p o l i t i k das Recht habe; — anstatt dies zu
erklären, diktirte die **Furcht** (vergl. Senator P e t e r s e n's
Worte in der Bürgerschaft) die Politik der hamburgischen
Regierung. Das wochenlange Hin= und Herrathen mußte
außerdem der preußischen Regierung die Gewißheit geben,
wie sehr man sich contre coeur et contre esprit
Preußen anschloß, und die Paar „würdig" sein sollenden
geschraubten Redensarten in der senatorischen Erklärung
ändern in dieser Auffassung nicht das Geringste. Die
preußische S o m m a t i o n trug in ihrer Form das „Bien'
du mußt!" so offen und ehrlich an der Stirn, daß ein
„Mundspitzen", wo man apodiktisch verlangte, daß „ge=
pfiffen" werde, nur ribikule erscheinen konnte.

Vermöge seiner geographischen Lage war Hamburg, wenn überhaupt ernsthaft von einem e i g e n e n W i l l e n bei uns die Rede sein konnte, auf den Anschluß an Preußen hingewiesen. Wenn der hamburger Senat also eine U e b e r z e u g u n g b e s i t z t, wenn dieser Anschluß seine U e b e r z e u g u n g w a r, wozu diese ohnmächtigen Versuche, ihn zu verklausuliren? — Jedermann weiß, daß Hamburg Sr. Majestät dem König von Preußen nicht den Krieg erklären kann. Jedermann weiß, daß force majeure vorhanden war und wahrlich, als Republikaner hatten wir gewünscht, daß der Senat die A b b a n - k u n g d e r h a m b u r g i s c h e n S e l b s t s t ä n d i g k e i t i n w ü r d i g e r e r W e i s e v o l l z o g e n h ä t t e!

Jetzt hat er den S c h e i n d e s S c h e i n e s seiner Selbstständigkeit zu retten versucht. Er hat nicht einmal eine V e r w a h r u n g g e g e n d i e V e r a n t w o r t l i c h - k e i t seines Nachgebens eingelegt; ja! er hat gethan, als könnte es wirklich noch einen Menschen geben, der an eine f r e i e, diesseitige Entschließung g l a u b t e. Und dies ist es, was den Stolz freier Bürger aufs tiefste kränken muß. Der Zwerg mag sich auf die höchsten Stelzen stellen, man wird nie den Riesen in ihm anerkennen. Moralisch war unser „Hoheitsrecht" prädestinirt, in den Brunnen zu fallen. Man hätte „für ein Geld" mit A n s t a n d den fatalen Fall thun können und — — **abbiciren** sollen.

Das hamburgische Kontingent wurde also Sr. Majestät dem König von Preußen zur Verfügung gestellt und damit haben wir eine weitere Seite der Sache zu beleuchten.

Das Kontingent kostet uns jährlich nach Anschlag des Budgets von 1866 die Summe von Ct.ℳ 844,730. im Frieden. Wir greifen sicher nicht zu hoch, wenn wir den Kriegsetat auf Ct.ℳ 1,200,000. — veranschlagen. Wir unterhalten daher auf unsere Kosten 2 Bataillone und eine Escabron preußischer Truppen und die senatorischen Gegner selbst der Militärconvention mit Preußen lassen uns diese Kosten für Preußen tragen, Kosten welche bedeutend theurer sind, als eine gleiche Anzahl Truppe in der trefflich organisirten preußischen Militärverwaltung zu stehen kommen würde. Wirklich wir verstehen den „Hoheitstick" hier nicht mehr. Er illustrirt seine Nichtexistenz und man soll sie für existent halten.

Wenn der Krieg fortdauert, so ist es außerdem noch die Frage, ob unser Kontingent "ready for action" ist? Wenigstens läßt der Train Verschiedenes zu wünschen übrig und unmöglich wäre es gerade nicht, daß wir auch noch die militairische Demüthigung erführen, unser Material an Mannschaft, trotz Zündnabelgewehr, zum Garnisonsdienst verwandt zu sehen, wie dies schon einmal im Jahre 1848 in der Campagne in Schleswig-Holstein der Fall war.

So ist uns denn die „diplomatische" und die militairische „Selbstständigkeit" (!) durch die Präcision eines preußischen Kommandowortes aus den Händen gerissen und man hat uns vorläufig die administrative Selbstständigkeit gelassen, damit wir — die Kosten für den Verlust unserer politischen Selbstständigkeit, die Kosten für den Verlust einer Fiction aufbringen können.

Wir glauben gern, daß der Senat sich mit blutendem Herzen zu diesem Schritt entschlossen hat. Wir wollen auch nicht verdächtigen und nicht behaupten, daß die Salvirung von ca. Ct.ℳ 380,000, welche die Senatoren dem Staate Hamburg kosten, das Motiv gewesen sind. Aber man wird es im Senat mit uns fühlen und begreifen, daß der Nimbus, der Respekt vor der staatlichen Würde des Senats unwiderbringlich dahin ist und daß er in dieser Beziehung den Vergleich mit manchem Kleinstaat auch nicht im Allerentferntesten auszuhalten vermag.

Die Frage nach unserer „Selbstständigkeit" ist somit in ein Stadium getreten, wo sie nur noch die Bedeutung einer Spesenrechnung haben kann.

Faktisch sind wir eine preußische Provinz geworden, oder — will man diesen Ausdruck nicht gelten lassen, so müssen wir den härtern gebrauchen, daß wir preußische **Vasallen** geworden sind.

Wir tragen alle Nachtheile, und quantitativ mehr als provinzielle Nachtheile, und genießen nicht einen einzigen Vortheil einer preußischen Provinz.

Hier nun ist der Ort, wo wir nachzuweisen haben, daß die preußischen Reformvorschläge eher zum Verderben als zum Heile der deutschen Stämme gereichen, so gut sie gemeint sein mögen.

Man schließt eine Militairconvention mit Preußen. Das heißt in Wahrheit nichts Anderes, als man unterhält auf eigene Kosten (und bedeutend theurer als innerhalb des Rahmens der preußischen Armee) eine preußische Truppenabtheilung, deren oberster Kriegsherr de facto Se. Majestät der König von Preußen ist, und welche im Fall eines Krieges den Dispositionen Sr. Majestät blind zu folgen hat.

Das Staatsoberhaupt in den betreffenden Staaten wird folglich dadurch in seinem Lande zum einfachen — Platzcommandanten für Preußen; aber ohne preußischen Sold.

Rechnet man dazu das Aufgeben der diplomatischen „Selbstständigkeit", so ist den Staaten nichts gelassen, als die Handhabung der Polizei und der Verwaltung, um die Kosten für den **Verlust** der militairischen und diplomatischen „Selbstständigkeit" aufzubringen.

Das Staatsoberhaupt ist ein preußischer, dem preußischen Staate nichts kostender Civilgouverneur und Polizeichef geworden. Politisch aber dankt es ab. Das Land dagegen hat kein Recht, die geregelte preußische Verwaltung zu beanspruchen. Die Art und Weise, wie für Militair und Polizei Geld beschafft werden soll, bleibt dem Ermessen der Regierungsstrümmer in den Einzelstaaten überlassen, das Schadhafte bleibt und wird naturgemäß noch schadhafter werden müssen, weil der politische Ehrgeiz, die politische Selbstachtung verloren gegangen ist.

Wozu, darf man wohl fragen, sollen also in solchen Anschlußstaaten noch Könige, Herzöge oder

Senate existiren, deren Selbstständigkeit in dem Total-
verlust der Selbstständigkeit besteht? — welche im
eigenen Lande um alle politisch-moralische Achtung kommen würden? — Das f. g. „Hoheitsrecht"
schrumpft zu einer ganz gewöhnlichen Budgetfrage zusammen. Es ist eine Frage geworden, etwa wie eine
Luxussteuer.

Die resp. Einzelregierung möge sich mit „besseren
Zeiten" vertrösten und die politische Demüthigung ihres
„Hoheitsrechtes" über sich ergehen lassen. Allein diese
„besseren Zeiten" sind für die Völker noch schlimmere Zeiten; denn kein Regent verzeiht, daß
man ihn schwach gesehen hat, und in den f. g.
„bessern Zeiten" würden die Zügel des Particularismus
nur um so straffer angezogen werden.

Somit glauben wir es aussprechen zu dürfen: die
preußische Anschlußtheorie demoralisirt die Regierungen und die Regierten, und früher oder
später muß der preußische Staat zu der Einsicht kommen, daß seine Anschlußtheorie nichts ist als die
Prämisse der Annexion. Preußen kann die Schlan-
gen des Partikularismus auch in dieser neuen Form nicht
am Busen nähren und das ganze System ist eine
übertünchte Anarchie.

Das einzigste und darum das größte Verdienst des
Prätendenten von Dolzig ist daher, daß er die „Februar-
bedingungen" von sich wies. Der Prätendent war
— auf seinem Standpunkt! — hierin klug. Er
wußte es nur leider selbst nicht. — Aber er hat die ge-
heimsten Gedanken jeder klein- und mittelstaatlichen Re-

gierung, als deren Enfant terrible, ausgeplaudert; er hat in seiner politischen Unschuld die absolute Machtlosigkeit einer solchen Existenz vollkommen richtig erkannt.

Aber — und diese Frage möge mit aller Schärfe des Ernstes hier ausgesprochen werden — haben die partikularistischen „Hoheitsrechte" der Klein- und Mittel-Staaten in unserer Zeit überhaupt noch ein sittliches Recht auf politische Existenz? — Darf das existiren, was sich als existenzunfähig selber proclamirt hat? Darf man politischen Potenzen, welche keine politische Achtung mehr beanspruchen können, als berechtigte Potenzen noch fernerhin anerkennen? — Handelt es sich für jede Hand-voll Menschen wirklich nur darum, ein Paschalik zu bilden und die Paschas, die dem Sultan gehorchen müssen, als Sultane anzuerkennen?

Nicht wir, die Selbstzersetzung des Partikularismus macht Propoganda für die Annexionsidee und Preußen würde nicht redlich handeln, wenn es sich begnügte, den Völkern noch größere, gänzlich luxurieuse und überflüssige Lasten aufzubürden, als sie bisher getragen haben. Denn bisher half die Einbildung, der Wahn, etwas mehr als politische Nullen zu sein, die Völker über manche Fatalitäten hinweg. „Mit dem Gürtel, mit dem Schleier" ist auch dieser Wahn entzweigerissen und der Gottheit „Hoheitsrecht" hängen die Fetzen am Leibe herunter.

Auch wir Hamburger vegetiren jetzt in einem solchen zersetzten Hoheitsrecht weiter und die verständigen Männer im Senate dürften sich daher wohl die Frage vorlegen, ob es mit dem politischen Anstande verträglich ist, eine solche Gespensterexistenz weiter zu führen, deren ganzer pekuniärer Werth Ct.₰ 380,000. —..beträgt, welche erspart werden könnten. — Lebten wir im Süden, wir würden ebenso von Oesterreich reden, wie wir jetzt von Preußen sprechen. Denn das preußische Zündnabelgewehr mag Schlachten gewonnen haben; die Idee, daß Oesterreich für Deutschland nicht zu entbehren ist, hat es nicht umgestoßen.

Das Zündnabelgewehr kann auch in der österreichischen Armee eingeführt werden und so sehr wir der preußischen Tapferkeit Gerechtigkeit widerfahren lassen, so muß sie den Ruhm doch mit der Mechanik ihrer Schießwaffen — ehrlich theilen.

Um die Verhältnisse Hamburgs richtig zu beurtheilen, ist es nothwendig, einen Blick auf die beiden Regierungsfactoren, Senat und Bürgerschaft, zu werfen.

Unter den 18 Mitgliedern des hamburgischen Senats befinden sich 9 Juristen und 9 Kaufleute. Letztere repräsentiren zum Theil die Chefs der angesehensten und respektabelsten Handlungsfirmen.

Die Bürgerschaft, die Volksvertretung unseres kleinen Staates beträgt eine Mitgliederzahl von **192** Personen. Zur Charakteristik dieser s. g. Volksvertretung lasse ich hier folgenden im „Freischütz" im Jahre 1862 erschienenen Artikel im Auszuge abdrucken.

Die Namen in den nachfolgenden Tabellen sind zum Theil andere geworden, die Charakteristik aber ist dieselbe geblieben.

Ein conſtitutionelles Zerrbild.

Zur Kritik der Verfaſſuug von 1860.

Wir haben die Abſicht, unſere ſchon häufig ausge=
ſprochene Beſchuldigung, daß in Hamburg die Ver=
waltung ihr eigener Geſetzgeber iſt, unſeren
Leſern auf die klarſte, unwiderlegbarſte Weiſe erſchöpfend
zu beweiſen. Damit uns der Vorwurf irgend welcher
Animoſität nicht treffe, enthalten wir uns in unſerm
heutigen Artikel jedes Raiſonnements, und begnügen uns
damit, unſern Mitbürgern das Material vorzulegen, an
welches wir ſpäter die geeigneten Nutzanwendungen knüpfen
werden. Zu dem Ende geben wir das Verzeichniß
ſämmtlicher Bürgerſchaftsmitglieder und fügen dem Namen
der einzelnen Abgeordneten, die ihm nach dem Staats=
kalender zukommenden Attribute bei.

Die Bürgerſchaft wird gebildet durch die Herren:

1) Iſaac Wolffſon, J. U. Dr. Präſident der Bürgerſchaft.

2) H. A. R. Brandis, J. U. Dr. Vice-Präſident.

3) J. C. Saſſe. Zweiter Vice-Präſident. Mitglied des Collegiums der Sechsziger.

4) H. C. W. Fellmer, J. U. Dr. Secretair der
Bürgerſchaft.

5) R. Johns, J. U. Dr. Secretair der Bürgerſchaft. — Armen-Vorſteher. — Verwaltender Vorſteher
der Koſtkinder.

6) A. Oberdörfer. Mitglied des Collegiums der
Hundert und Achtziger, des Geſundheitsrathes, Armen-
Apotheker.

2

7) C. W. A. Maute. Richter am Niedergericht. — Mitglied des Collegiums der Hundertachtziger.

8) S. Albrecht, J. U. Dr. Präses des Handels-Gerichts.

9) H. Baumeister, J. U. Dr. Obergerichtsrath. Mitglied der Vormundschafts-Deputation.

10) L. W. G. Becker. 11) Henry Bieber. Voigt in den Marschlanden.

12) H. J. Blume. Handelsrichter.

13) A. Godeffroy. 14) H. S. Hertz. 15) R. Kaiser.

16) C. L. T. Meister. Mitglied des Collegiums der Sechziger.

17) P. Neßmann. Steuerbürger.

18) J. F. C. Refardt. Mitglied des Collegiums der Sechsziger, der Finanz-Deputation, der Steuer-Deputation, der Feuer-Cassen-Deputation, Alt-Abjungirter des Commerciums, Mitglied der Militair-Deputation.

19) G. Riesser, J. U. Dr Obergerichtsrath.

20) C. D. Roß. Mitglied der Commerz-Deputation, Makler-Deputation, Postverwaltungs-Deputation, Bank-Deputation.

21) A. Sanders. 22) C. A. E. Scholvin.

23) F. G. Stammann. Mitglied des Collegiums der Hundertachtziger, Beisitzer der Gesellschaft zur Beförderung nützlicher Künste ꝛc.

24) C. H. Willink. Mitglied der Schulden-Administrations-Deputation, der Postverwaltungs-Deputation, der Schifffahrt- und Hafen-Deputation.

25) A. Abendroth, J. U. Dr. Patriotische Gesellschaft.

26) E. E. Abenbroth. Mitglied des Collegiums der Sechziger, der Allgemeinen Versorgungs=Anstalt.

27) Ab. Alexander. 28) H. Amsinck, Mitglied des Collegiums der Hundertachtziger, der Commerz=Deputation, der Auswanderer=Behörde, der Schifffahrt= und Hafen= Deputation (I. Section), der Makler=Deputation.

29) J. W. Ann. 30) E. Averdieck, Mitglied der Feuercassen=Deputation, Adjunct der Kirche in St. Georg.

31) H. F. A. Antoine=Feill, J. U. Dr. 32) L. Bahre. 33) G. H. Ballheimer. 34) E. A. Balzer.

35) J. J. E. Bargstedt. Voigt im Billwärder= Ausschlag.

36) A. E. H. Becker.

37) P. F. Biancone. Vorsteher der katholischen Gemeinde. — Commercium. — Seemannscasse.

38) J. D. Bieber. Oberalter. — Vorsteher der Michaeliskirche. — Collegium der Sechziger und 180r und der Leichnamsgeschwornen. — Maria Magdalenen= Kloster.

39) A. Biesterfeld. Provisor des Waisenhauses.

40) D. Billerbeck.

41) J. H. Blecher. Armenpfleger.

42) J. H. Bockelmann.

43) R. G. F. Borger. Mitglied des Collegiums der 180r. — Der Steuer=Deputation. — Convent. — Director der Credit-Casse.

44) F. A. Boye.

45) A. F. Bröbermann. Mitglied des Collegiums der 180r.

46) E. F. L. Brüll. 47) J. E. Buchheister, Dr. med.

2*

48) G. Buek, Dr. med.

49) H. W. de la Camp. Mitglied des Collegiums der 180r. — Provisor des Allgemeinen Krankenhauses.

50) Th. de la Camp. Mitglied der Bau-Deputation.

51) J. Campe.ˉ 52) C. C. Crasemann.

53) R. Cremer jr. Steuerbürger.

54) J. F. A. Cropp, J. U. Dr. Procurator am Niedergericht.

55) Th. Dill.

56) G. v. Döhren. Mitglied des Collegiums der Sechsziger.

57) A. R. v. Dühring, Dr. med. 58) C. H. Eberstein, J. U. Dr.

59) J. F. C. Ehrhorn. Mitglied der Bau-Deputation, der Stadt-Wasserkunst-Deputation.

60) F. F. Eiffe. Niederrichter.

61) J. G. A. Fellmer. 62) D. Filby. 63) H. C. C. Fischer, J. U. Dr.

64) C. F. Gaedechens. Mitglied des Collegiums der 180r. — Commission hamburger Alterthümer. — Mitglied der Bau-Deputation, des großen Armen-Collegiums. — Provisor des Allgemeinen Krankenhauses. — Vorsteher des Johannis-Klosters.

65 W. L. Giffey. Director der Credit-Casse für Erben ꝛc.

66) F. Glitza.

67) J. C. Godeffroy. Alt-Abjungirter des Commerciums.

68) E. Gossler, J. U. Dr. Patron der Wetkenschen Schule. — Präses des Niedergerichts. — Mitglied des

großen Collegiums des Gesundheitsrathes, des großen
Armen-Collegiums, der Capital-Verwaltung der Allgem.
Armen-Anstalt.

69) A. F. R. Grallert.

70) P. H. W. Grossmann. Mitglied des Collegiums der 180r.

71) H. M. Hanssen. Mitglied des Collegiums der
Sechsziger.

72) I. H. Harms. Abjunct der Kirche in St.
Pauli. — Steuerbürger.

73) A. D. C. Helmcke. Handelsrichter.

74) D. Hertz, J. U. Dr. 75) G. F. Hertz, J. U. Dr.

76) O. H. Fehlandt. Mitglied des Collegiums
der 180r, der Stadt-Wasserkunst-Deputation und der
Feuercassen-Deputation.

77) H. S. Hertz.

78) M. W. Hillmer. Mitglied des Collegiums
der 180r.

79) F. Hinsch. 80) W. Hinsch.

81) I. A. T. Hoffmann. Vorleser der deutsch-
reformirten Gemeinde.

82) L. H. C. C. Hoffmann. Mitglied des Collegiums der 180r, der Stadt-Wasserkunst-Deputation, der
Feuercassen-Deputation, der Bürgermilitair-Commission.

83) H. Hudtwalcker. Mitglied der Zoll-Deputation,
der Todtenladen-Commission.

84) B. H. Ch. Feldtmann. Mitglied der Zoll-
Deputation.

85) G. Hülsenberg.

86) F. Jacobson. Mitglied der Commerz-Deputation.

87) W. Jantzen. Niederrichter. — Mitglied der Schulden-Administrations-Deputation, des großen Armen-Collegiums, der Budget-Commission der Armen-Anstalt.

88) H. G. Jochheim.

89) P. D. Johannsen. Tischler-Aeltermann.

90) S. Israel. 91' G. L. Kaemmerer. 92) P. H. L. Kalkmann.

93) L. F. W. Kaufmann. Aeltermann der Klein-Uhrmacher-Brüderschaft.

94) F. W. Klöpper. Mitglied des Collegiums der 180r. — Steuerbürger. — Mitglied der Feuercassen-Deputation.

95) J. C. Knauth, J. U. Dr. Obergerichtsrath.

96) A. L. Koch. Oberalter, Sechsziger, 180r, Leichnamsgeschworner, Kirchenvorsteher zu St. Michaelis. — Krankenhaus-Collegium.

97) A. A. Köhn.

98) H. W. Köhn. Mitglied des Collegiums der Sechsziger. — Gotteskastenverwalter zu St. Michaelis. — Mitglied der Feuercassen-Deputation, des großen Armen-Collegiums, Armenvorsteher.

99) C. Königs. 100) J. J. Köpcke. 101) C. A. Kramer.

102) H. C. T. Krogmann. Mitglied der Staats-wasserkunst-Deputation.

103) O. W. Kunhardt. Mitglied des Collegiums der 180r und der Bürgermilitair-Commission.

104) J. E. Lafargue.

105) C. H. Laeiß. Mitglied der Stempel-Deputation.

106) F. Laeiß. 107) W. Lange, Ph. Dr.

108) J. E. Lehmann, J. U. Dr. Vicepräses des Handelsgerichts.

109) F. A. C. v. d. Linden.

110) J. J. E. Luck. Assistent der Crebitcasse für Erben und Grundstücke.

111) N. H. Lütjens. 112) H. C. F. Mählmann.

113) M. Mahlandt. Kirchenvorsteher iu St. Pauli.

114) G. A. Malm, J. U. Dr. Amtsrichter.

115) F. W. C. Marburg. Mitglied des Collegiums der 180r und der Steuer=Deputation.

116) W. Marr. 117) G. Martens. 118) J. F. Martens.

119) J. F. Martens jr. Mitglied des Collegiums der Sechsziger.

120) E. W. A. Maucke. Mitglied des Collegiums der 180r. — Mitglied des Niedergerichts.

121) C. L. D. Meister. Mitglied des Collegiums der Sechsziger.

122) F. M. Meyer. Mitglied des Collegiums der 180r und der Bürgermilitair=Commission, wie der Bewaffnungs=Commission.

123) Ad. Henr. Möller. Mitglied des Collegiums der 180r.

124) E. N. D. Möller. Kirchspielsmeister zu St. Petri. — Mitglied der Stadtwasserkunst=Deputation. — Aeltermann der Hauszimmerleute.

125) P. D. Moll. Mitglied der Finanz=Deputation, der Bau=Deputation, der Staatswasserkunst=Deputation, des großen Gefängniß=Collegiums.

126) H. Moltrecht. Sprützenmeister.

127) J. Münster. Mitglied des Collegiums der 180r.

128) J. A. P. Multhaupt. 129) D. C. F. Nagel.

130) G. L. D. Nanne, J. U. Dr.

131) G. E. Nolte. Mitglied des Collegiums der 180r, Kirchenvorsteher zu St. Petri, Deputirter der allg. Versorgungsanstalt und Bürgermilitair-Commissair.

132) C. Olbe.

133) C. Pagenhardt. Kirchenvorsteher zu St. Georg.

134) H. C. C. Pego. Steuerbürger.

135) W. Pelzer. Mitglied des Collegiums der Sechsziger.

136) J. P. Perlin. Aeltermann des Schneiberamts.

137) C. W. Petersen. Landvoigt von Ochsenwärder.

138) J. F. C. Plambeck.

139) A. Plath. Armenpfleger.

140) H. J. D. Poelchau, J. U. Dr. Niederrichter und Prätor.

141) A. Rambach, Dr. med.

142) J. G. Rambatz. Aeltermann der Hauszimmer-leute, Amtsrichter, Kirchspielsmeister zu St. Michaelis.

143) A. Rée, Ph. Dr.

144) G. Repsold. Justirungs-Beamter der Commission für Maaß und Gewichte.

145) G. W. Reye. 146) G. R. Richter. 147) F. J. D. Riege. 148) S. Robinow. 149) J. H. Robatz.

150) P. A. Robatz. Adjunct der Kirche zu St. Georg, Steuerbürger, Mitglied der Commission für Maaß und Gewichte, der Commerz-Deputation, der Theerhofs-Commission, Kempe-Bürger, Makler-Deputation.

151) C. J. T. Roeper. Mitglied der Wahl-Commiſſion der Armen-Anſtalt zu St. Pauli.

152) H. F. W. Rolffſen. 153) C. A. J. Rother-berg. 154) J. C. H. Rüter. 155) A. Sanders.

156) J. H. C. Schacht. Mitglied der Aufnahme-Commiſſion der Armen-Anſtalt zu St. Pauli.

157) H. Schaedtler. Mitglied des Collegiums der 180r. Kirchenvorſteher zu St. Michaelis 2c. Mitglied der Finanz-Deputation, des Bank-Collegiums und der Schifffahrt- und Hafen-Deputation.

158) H. C. Schleiden, Dr. 159) M. T. Schmidt.

160) F. Schneider.

161) A. J. Schön. Mitglied der Commerz-Depu-tation und der Seemanns-Caſſe.

162) C. A. C. Scholvin.

163) J. H. Schraber. Mitglied der Commiſſion der Todtenladen 2c. 2c.

164) C. P. Schütt.

165) H. F. C. Schütt. Mitglied des Collegiums der 180r, des Geſundheitraths, des großen Armen-Colle-giums und des großen Gefängniß-Collegiums.

166) C. P. C. Schweedt. Mitglied des Collegiums der 180r. — Aeltermann des Maler-Amts.

167) C. Sillem.

168) G. W. Soltau. Mitglied des Collegiums der 180r. — Kirchenvorſteher zu St. Nicolai.

169) C. W. F. Spanhacke. Armenpfleger.

170) H. C. Spiermann.

171) J. H. A. Roß. Mitglied des Collegiums der 180r und der Feuercaſſen-Deputation.

172) C. A. Stuhlmann, J. U. Dr. 173) G. A.
W. Süßmann.
174) A. Sutor, J. U. Dr. Handelsrichter.
175) J. J. H. Tietgens. Mitglied des Collegiums
der 180r, Kirchenvorsteher zu St. Catharinen, Mitglied
der Finanz-Deputation, der Steuer-Taxations-Commission,
der Polizei-Deputation und der Auswanderer-Behörde.
176) R. L. Titzck. Steuerbürger und Armen-Apotheker.
177) J. G. Trautmann. Mitglied der Auswanderer-
Behörde, der Commerz-Deputation, der Seemanns-Casse,
Makler-Deputation, Bank-Deputation.
178) J. D. A. Trittau, J. U. Dr.
179) G. L. Ulex. Mitglied des Collegiums der
Sechsziger, des Gesundheitraths und Armen-Apotheker.
180) C. J. F. Traun. Mitglied des Collegiums
der 180r. — Kirchenvorsteher zu St. Jacobi.
181) N. Stürcken. Mitglied des gr. Gefängniß-
Collegiums.
182) J. C. Söhle. Oberalter.
183) C. A. O. Versmann. Steuerbürger. — Armen-
Apotheker.
184) C. G. Vivié. Secretair der Gesellschaft zur
Beförderung der Künste 2c.
185) J. C. Warnecke. Mitglied des Collegiums
der 180r, der Commerz-Deputation, der Schifffahrt und
Hafen-Deputation, der Makler-Deputation.
186) C. W. L. Westphal. Mitglied des Collegiums
der 180r, Steuerbürger und Militair-Commissair.
187) F. J. Wex 188) C. Wieckhorst. 189) H. D. Hertz.
190) C. H. Witten. Voigt in Schmalenbeck.

191) C. Woermann. Mitglied des Collegium der Sechsziger, der Finanz=Deputation, der Stempel=Deputation, der Schifffahrt und Hafen=Deputation, der Militair= Deputation.

192) C. A. Wulff. Mitglied des Collegium der 180r, der Finanz=Deputation, der Stempel=Deputation, der Zoll=Deputation, der Polizei=Deputation, der Feuer= Cassen=Deputation und der Pensionscassen=Deputation.

Nach der mitgetheilten Liste halten wir es für unsere Pflicht, zu erklären, daß, wenn die Bürgerschaft aus freien Wahlen hervorgegangen wäre und dasselbe Bild darböte, welches wir in unserem ersten Artikel copirt haben, wir sie acceptiren würden; denn sie wäre eben alsdann der treue, unverfälschte Ausdruck des Volkswillens. Jetzt aber bestimmt die Verfassung, daß die Bürgerschaft vorgeschriebenermaßen

1) aus Mitgliedern der Verwaltungs=Deputationen 60
2) „ Grundeigenthümern 48
3) „ nach einem Census gewählten Abgeordneten 84

zusammen 192

Mitgliedern zu bestehen habe. Die Deputationen er= gänzen sich insofern selbst, als bei eingetretener Vacanz die resp. Deputation einen Wahlaufsatz von 3 Personen aufmacht, aus welchen die Bürgerschaft Einen wählen muß. Es herrscht also auch hier keine Wahlfreiheit, und die Hartnäckigkeit, mit welcher gewisse Candidaten von den heterogensten Verwaltungszweigen immer wieder und wieder auf den Wahlaufsatz gebracht wurden, hat schon oft die Heiterkeit der ehrenwerthen Versammlung erregt. Nehmen wir jetzt abermals den Staatskalender zur

Hand, um unwiderlegbar darzuthun, wie diese sich selbst
ergänzende Verwaltung es anfängt, um zugleich
die Gesetzgebung zu usurpiren, dadurch, daß sie diejenigen
ihrer Mitglieder in die Bürgerschaft deputirt, welche in
4, 5 und mehr Deputationen Sitz und Stimme haben.—
Mögen unsere Leser es sich nicht verdrießen lassen, uns
auf diesem sterilsten aller Gebiete zu folgen; denn nur
**wenn der vernünftige Gesammtwille sich un-
serer Indignation anschließt, wird es möglich, dieses System, welches wir für das ver-
werflichste Zerrbild eines Constitutionalismus
in ganz Deutschland erklären, zu stürzen.**

Das Obergericht. Es zählt sechs rechtsgelehrte
Richter; von diesen sitzen in der Bürgerschaft **drei,** von
denen Einer zugleich Mitglied der Vormundschafts-
deputation ist.

Das Aemtergericht. Es besteht aus sieben
Richtern. Zwei davon sitzen in der Bürgerschaft. Einer
ist zugleich Aeltermann der Haus-Zimmerleute.

Das Niedergericht. Sein Präses und vier seiner
zehn Richter sind Mitglieder unserer gesetzgebenden Versammlung, folglich ist fast das halbe Gericht legislativ! Der
eine Richter ist zugleich Prätor, ein anderer gleichzeitig Mitglied der Schulden-Administrations-Deputation ꝛc.

Das Handelsgericht. Vierzehn Mitglieder. Beide
Präsides, der rechtsgelehrte Richter und zwei nichtrechts-
gelehrte derselben sitzen in der Bürgerschaft.

Die Finanz-Deputation. Zehn Mitglieder,
wovon **acht** in der Bürgerschaft sitzen. Die acht sind
aber zugleich auch Mitglieder der anderen Deputationen.

Die **Schulden-Administrations-Deputation.**
Fünf Mitglieder. **Vier** davon in der Bürgerschaft; von diesen vier sind zwei zugleich in der Finanz-Deputation.

Die **Steuer-Deputation.** Drei Mitglieder. Alle drei in der Bürgerschaft. Von ben 24 Steuer-Bürgern zählen wir zehn in der Bürgerschaft.

Steuer-Taxations-Commission. Zwei Mitglieder und Beide in der Bürgerschaft.

Stempel-Deputation. Vier Mitglieder. **Drei** davon in der Bürgerschaft.

Zoll-Deputation. Sieben Mitglieder. **Vier** davon in der Bürgerschaft.

Bau-Deputation. Sechs Mitglieder. **Vier** davon in der Bürgerschaft.

Stadtwasserkunst-Deputation. Fünf Mitglieder. **Drei** davon in der Bürgerschaft.

Polizei-Deputation. Zwei Mitglieder. **Beide** in der Bürgerschaft.

Feuercassen-Deputation. Dreizehn Mitglieder. **Acht** davon in der Bürgerschaft.

Commerzium. Vierzehn Mitglieder. **Zehn** davon in der Bürgerschaft.

Militair-Deputation. Sechs Mitglieder. **Vier** davon in der Bürgerschaft.

Die verschiedenen Nebenzweige der Verwaltung der Raumersparniß wegen übergehend, bitten wir die Leser, die Namenliste zur Hand zu nehmen und sich selbst zu überzeugen, wie diese Deputationen eine in die andere eingreifen. Da sind u. A. die Herren Woermann,

Wulff, Willink, Refardt, Schaedtler; Robatz ꝛc., welche in den verschiedenen Verwaltungszweigen und folglich auch für jeden derselben in der Bürgerschaft Sitz und Stimme haben. Hieraus erklärt es sich denn auch auf rein mechanische Weise, warum die Majorität des Hauses wie am Schnürchen in die Höhe geht, wenn die Verwaltnug durch die klarsten, einfachsten Forderungen auch nur im Mindesten molestirt wird. Denn der Kastengeist ist der hamburgischen Bürgerschaft durch die Verfassung vorgeschrieben.

Auf diese Weise ist der Beweis durch Zahlen und durch unumstößlich richtige Gruppirung derselben geliefert, **daß die Justiz und Verwaltung in Hamburg ihr eigener Gesetzgeber ist,** und der höchste Grad menschlicher Eitelkeit und Selbstüberschätzung gehört dazu, in einem so construirten gesetzgebenden Körper in positiver Weise irgend eine Opposition zu machen, welche höchstens zum Amüsement eines verehrten Zuschauer-Publicums dienen kann.

Weit entfernt, nns in persönlichen Angriffen gegen einzelne Persönlichkeiten zu ergehen, deren Privat-Charakter wir völlig unangetastet lassen, ist es gleichwohl ein Ding wider die Natur, von einer Administration mit legislatorischem Charakter einen Fortschritt zu verlangen. Die Herren können nicht anders handeln, als wie sie in den Verwaltungs-Departements „erbsündlich“ dressirt sind; sie können nicht anders reden, als analog der administrativen Atmosphäre, die sie in den Verwaltungszimmern eingesogen haben. Der geringste Anstoß an das äußerste Glied läßt die ganze Kette klirren und rasseln, und jene Herren müssen selbst fühlen, instinctiv fühlen, daß Hamburg eine Stadt ist, wo Reform gleichbedeutend mit Radikalismus, als der absolutesten aller Nothwendig= bigkeiten ist. „Neue Lappen auf alte Kleider" gehen bei uns einmal nicht, denn „der Riß wird ärger" dadurch. Von dieser vollkommen richtigen Ueberzeugung geleitet, sind die Deputations=Mitglieder reactionair und müssen, Gott und der Welt zum Troß, reactionair sein und bleiben.

Aber der Krebsschaden ist nicht blos administra= tiv, er ist auch moralischer Natur. Wir fragen z. B. jeden Unbefangenen unserer Mitbürger, ob es sich mit der politischen Moral vereinbaren läßt, **daß der Richter, als solcher, in die Arena der Partei= leidenschaft verfassungsmäßig und vorge= schriebenermaßen hineingezerrt wird?**! Die Herren Knauth und Baumeister fielen bekanntlich bei den Urwahlen durch und wurden durch die alte erb= gesessene Bürgerschaft in die neue Gesetzgebung delegirt. Wären sie aber auch hier durchgefallen, also hätte die ganze Bevölkerung ein Veto gegen die Anwesen= heit jener beiden Herren eingelegt: alsdann — hört es, Mitbürger, und straft uns Lügen, wenn Ihr könnt! — würden die Gerichte als solche die zwei Partei=Kory= phäen der Reaction dennoch in die Bürgerschaft deputiren können.

Hat uns etwa der deutsche Bundestag gezwungen zu einer solchen Bestimmung, die wir, reiflich überlegt und bereit, dafür einzustehen, offen eine politische Immoralität nennen. Wir haben alle Achtung vor

ben Fähigkeiten der genannten Herren; wir erkennen ihnen
das Recht zu, in der Bürgerschaft zu sitzen, wenn sie das
Vertrauen ihrer Mitbürger dahin beruft, ob sie Richter
sind oder nicht; aber wir können es weder mit der politischen Ehrlichkeit vereinigen, noch mit der Nützlichkeit,
wenn die Möglichkeit, die Wahrscheinlichkeit, die Gewißheit vorliegt, zwei von Jugend auf notorische
politische Parteigänger durch die über den
Parteien stehen sollenden Gerichte in das Parteileben
der Legislative deputiren zu sehen! Ja, noch mehr!
wir unsererseits erklären es ganz offen, wir würden,
wenn wir, erhitzt und erregt von Parteileidenschaft, die
Bürgerschaft mit der Richterstube vertauschten, unfähig sein, den Gegner, der unser Feind in der gesetzgebenden Versammlung gewesen, **unbefangen** als Richter
zu richten. Wir geben dies Geständniß offen, mögen die,
welche sich Götter wähnen, einen Stein auf uns werfen.

So ist es denn gekommen, daß während die Verfassung klar und einfach vorschreibt, „der Polizei steht
keine Strafgerichtsbarkeit zu", die neuen Justiz-
vorlagen die Polizei mit einer Richtermacht umgeben, die
sie nie zuvor, weder hier noch anderweitig, besessen hat.
So ist es gekommen, daß, der Verfassung schnurstracks
zuwider, die Schwurgerichte nur dem gemeinen Ver-
brecher zu Gute kommen sollen, und wir können nns, als
Laien, diesen Widerspruch nur aus dem dichterischen
Citat eines legislatorischen Obergerichtsrathes
erklären:

„Partei! Partei! wer wollte sie nicht nehmen,
Die noch die Mutter aller Siege war?!"

Seht, Mitbürger, das ist e i n e Reflexion, welche wir an die Euch mitgetheilten Thatsachen knüpfen. Man widerlege uns, wenn wir irren. Irren wir aber nicht, reden wir die Wahrheit, dann fragen wir: was soll uns eine Verfassung, welche sogar den Nimbus des ewigen Rechtes zerstört, welche den Bürger, was er in einem gesitteten Staate nie sollte, zum Z w e i f e l an der äußeren und inneren Unabhängigkeit seiner Gerichte und somit an ihrer U n p a r t e i l i c h k e i t hindrängt? — —

Nehme der Leser nun gefälligst die Liste wieder zur Hand. Dort ist z. B. Nr. 192 Mitglied eines Colle= giums und von sechs Deputationen. Vorausgesetzt, daß der Betreffende auch Grundeigenthümer ist, so übt der= selbe 9, sage **Neunmal**, sein Wahlrecht aus.

1) als Collegien=Mitglied,
2) „ Mitglied der F i n a n z = D e p u t a t i o n ,
3) „ „ „ S t e m p e l = D e p u t a t i o n ,
4) „ „ „ Z o l l = D e p u t a t i o n ,
5) „ „ „ P o l i z e i = D e p u t a t i o n ,
6) „ „ „ F e u e r = C a s s e n = D e p u t a t i o n ,
7) „ „ „ P e n s i o n s = C a s s e n = D e p u t a t i o n ,
8) „ G r u n d e i g e n t h ü m e r ,
9) „ U r w ä h l e r ,

folglich besitzt er neunmal so viel politische Rechte, als Einer, der gleiche Steuern zahlt!

Nr. 192 hat also N e u n A b g e o r d n e t e mitzuwählen, und zwar, — damit man uns den lächerlichen Einwand nicht mache, die B ü r g e r s c h a f t wähle ja auch, — **bei vollkommener Wahlfreiheit.**

3

Nr. 150 übt sein Wahlrecht ziemlich eben so ausgedehnt
aus.

„ 175 dito.

„ 157 ca. sechs= bis siebenmal.

„ 27 dito, und so weiter.

Wundert man sich jetzt noch, daß unsere Verwaltung bei allen Ueberschüssen täglich kostspieliger wird? daß diese Ueberschüsse nicht dazu verwandt werden, den Bürgern die Lasten zu erleichtern? daß das kostspielige Conscriptions= und Stellvertretungswesen, eine zwecklose und müssige Soldatenspielerei, fortbesteht? daß sogar der Senat unter einer Masse buntscheckiger Arbeiten, zweck= und erfolgloser Schwerfälligkeiten fast erliegt? daß unser ganzes System sich gleichsam in eine Sackgasse hin= eingeklemmt sieht, wo jede Bewegung nur rückwärts führen kann? daß mit einem Worte kein Staat der Welt im Verhältniß zur Population eine so kostspielige Administration, eine solche Masse von Beamten aufzu= weisen hat, wie unser mit Deputationen gesegnetes Hamburg?

Wir bitten unsere Leser nun wiederholt, die Ver= fassung in der einen, unsere Liste in der anderen Hand, jede Gruppirung, die sie wollen, zu versuchen und sich alsdann die Frage zu beantworten, ob man sich noch über etwas wundern darf in unsern jetzigen Verhältnissen?

Die sieben Personen, welche von den zehn in der Finanz=Deputation die Majorität bilden und zugleich in der Bürgerschaft sitzen, dominiren quasi die übrigen Depu= tationen, denn sie sind in den übrigen vertreten und bilden durch den Uebergang durch die einzelnen Deputa=

tionen direct und indirect in a l l e n a u d e r n eine Ma=
jorität, so daß die Finanz=Deputation nicht mit Unrecht
ein administrativ=legislatorisches D e c e m v i r a t genannt
werden könnte, und der Senat muß sich naturgemäß bei
eintretenden Vacanzen seiner kaufmännischen Mitglieder
daher auch aus den Finanz=Decemvirn rekrutiren.
Der hamburger Constitutionalismus steht in schrift=
lichem Rapport zur Executive. Commissaire des Raths
sind nicht anwesend in der Bürgerschaft, Interpellationen
in Betreff der Verwaltung werden mit Stillschweigen be=
antwortet; bei mißliebigen Rednern verläßt die Ver=
sammlung den Saal, plaudert in den Vorzimmern, ignorirt
alle Gründe ihrer Gegner und stimmt schließlich über das
Vorliegende ab nach Commando. Wir haben persönlich
höchst respectable Leute an der Börse gesprochen, K a u f =
l e u t e und J u r i s t e n, welche nicht Worte genug finden
konnten, um ihre Indignation zu schildern, daß u. A. der
Justiz=Ausschuß sämmtliche Gesetzes=Vorlagen ohne Motive
an die Bürgerschaft brachte. D i e s e l b e n Leute, nachdem
ihnen die Parole gegeben, waren über Nacht andere
Menschen geworden. Der J u r i s t wagte dem R i c h t e r
gegenüber nicht den Mund aufzuthun. Es ist das rein
menschlich, denn es ist unangenehm, heute den Mann
öffentlich anzugreifen und vielleicht zu kränken und zu
r e i z e n, von dem man morgen ein Erkenntniß erwartet.
Die resp. Ausschußmitglieder entfernen sich aus dem
Sitzungssaal, kümmern sich um die Debatte nicht, halten
es unter ihrer Würde, sich an der Discussion zu betheiligen,
kehren aber zur Abstimmung zurück, und es ist wehmüthig=
komisch zu sehen, wie die ganze Masse der Deputations=

3*

Mitglieder blind folgt; wie Peter sich bei der Abstimmung nach Paul umsieht, was dieser thut, und wer da glaubt, daß die Zeit vorüber, wo man „derselben Meinung ist, wie der College Mohr", der irrt gewaltig!

Der vorstehende Artikel ist wesentlich polemischer Art und gegen die Schlaffheit der Opposition in dem hamburgischen „Parlamente" gerichtet gewesen. Von einer solchen Polemik kann heute, wo es sich um ernstere Dinge handelt, nicht mehr die Rede sein. Vielmehr wollen wir aus dem innern Zusammenhange heraus die ökonomische Unmöglichkeit des Fortbestandes der Selbstständigkeit unseres Freistaates nachweisen.

Jene 60 oben erwähnten Deputations-Mitglieder repräsentiren, wie die kaufmännischen Senatoren, wesentlich den hamburgischen Handel in seinen bedeutensten Firmen. Aus ihrer Mitte heraus gelangen die Vorschläge zu Neuerungen, als da sind: neue Hafenanlagen, Straßenbauten, Eisenbahnen, Docks ꝛc. ꝛc. Nun ist es vollkommen richtig: das Interesse des Handels ist zugleich das Hauptinteresse Hamburgs. Von seinen persönlichen Interessen geleitet, bringt daher der kaufmännische Gesetzgeber Neuerungen in Vorschlag, und an die Genehmigung dieser Vorschläge ist das Gedeihen des Handels geknüpft.

Z. B. es werden einige Millionen verlangt zur Anlage eines neuen Hafens für die Dampfschiffe und um dadurch zugleich eine Verbindung der Landungsplätze mit der Berliner Eisenbahn herzustellen, so ist dies ein Improvement, welches die Spedition aller Fabrikerzeugnisse

aus dem Inland und die Verladung sämmtlicher Import-
artikel nach dem Inland wesentlich erleichtert; ergo eine
nothwendige Anlage. Für dieselbe ist man also
im Voraus der Zustimmung des halben Senats, so wie
der 60 Deputationsmitglieder gewiß. Ferner: da durch
solche Neuerungen die Grundstücke der Umgebung der
Anlagen werthvoller werden, auch der Zustimmung der
resp. Grundeigenthümer. Endlich, da sich unter
den übrigen Bürgerschaftsmitgliedern immer eine große
Anzahl Kaufleute befinden, deren geschäftliche Interessen
in Frage kommen, auch der Zustimmung dieser. — In
solcher Weise besteht die legislatorische Thätigkeit in Hamburg in den eigenen Geldbeutel der Gesetz-
geber hinein und dieser Nepotismus muß befriedigt
werden, wenn der Handel gedeihen soll. Eine Anzahl
hamburgischer Kaufleute und das ganze consumirende und
erzeugende Binnenland haben den Vortheil davon.

Aber die Steuern, welche in Folge solcher nothwendigen Neuerungen erhöht werden, treffen unsere Gesammtbevölkerung und zu ⅗ diejenigen, welche
gar keinen Nutzen, oft sogar Schaden davon haben.

Wie schon gesagt, verschwindet der Mittelstand
immer mehr in Hamburg und geht seinem völligen Ruin
entgegen, wenn er nicht mit dem Zollverein in
Connex treten kann. Den fieberhaften Aufschwung des
Handels soll er dagegen mitbezahlen.

Die materiellen Vortheile für Hamburg durch die
Annexion an Preußen liegen also auf der Hand. Preu-
ßens Interesse erheischt es, die Lasten, welche der
Handel Hamburgs erfordert, auf die ganze Monarchie zu

repartiren, und läßt es die Stadt als Freihafen bestehen, den Hammerbrook ꝛc. dagegen in das Zoll-
vereinsgebiet treten, so würde Hamburg nach zwanzig
Jahren vielleicht ein zweites Liverpool sein, während
es jetzt aus seinen eigenen Kleidern herauswächst und sich
in seiner eigenen Steuerkraft aufzehrt zum Nutzen des
kaufmännischen Nepotismus, welcher — vollkommen
berechtigt ist! —

Eigenthümliches Verhältniß! Dieser Nepotismus,
um für sich viel Geld zu verdienen, giebt den Impuls
zu nothwendigen Neuerungen für Hamburg, von denen
zugleich das Binnenland profitirt; aber er ist gezwungen,
den Mittelstand und die nicht kaufmännische Bevölkerung auszusaugen.

Wenn eine Anzahl unserer ersten Rheder neue Hafenanlagen verlangen, so treibt sie ihr eigener persönlicher
Vortheil. Es ist folglich für die Schifffahrt ein neues
Bedürfniß vorhanden. Dies ist ganz in der Ordnung.
Nicht in der Ordnung aber ist, daß die Gesammtbevölkerung dazu beisteuern muß, daß wir auf der einen Seite
eine handelspolitische Großmacht werden, während
wir auf der andern Seite im Leben der Völker eine
politische Null sind und die Steuerkräfte des untergehenden
Mittelstandes sich aufreiben.

Wir geben gern zu, daß bei der jetzigen Lage des
Weltverkehrs die großen See- und Handelsplätze
den bisherigen Mittelstand von sich ausscheiden
müssen; daß dieser seine culturhistorische Berechtigung in
ihnen verloren hat; daß die Metropolen des Handels nur
Banquiers, Rheder, Kaufleute, Commissionaire, Spedi-

teure, Agenten und Makler auf der einen und Tagelöhner auf der andern Seite statuiren. Handel und Wandel sind kosmopolitisch und aus „Patriotismus" zahlt Niemand seine Lebensbedürfnisse theurer. Indem wir daher der hamburgischen Regierung das Zeugniß nicht vorenthalten, daß ihre innere Handelspolitik — als solche — correkt, ja genial genannt werden kann, folgt aber dennoch daraus, daß diese Politik der abstrakt politischen Selbstständigkeit Hamburgs ihr Grab gräbt. Eine kleine Republik des Handels kann ohne eine kaufmännische Aristokratie nicht bestehen. Sie muß denselben Entwickelungsgang nehmen, den Benedig genommen hat, und ihre politische Selbstständigkeit selbst aufzehren. Soll aber mit dem Verschwinden derselben der materielle Wohlstand, der Handel, nicht auch zu Grunde gehen, so hat dieser auf die abstrakt politische Selbstständigkeit zeitig zu verzichten und in einem großen organischen Ganzen neue Kräfte zu suchen.

Wir bitten den Leser, seine Blicke einmal auf eine der letzten Schöpfungen unseres Kleinstaats zu richten: auf die Verbindungsbahn zwischen dem Hamburg-Berliner und dem Altona-Kieler Bahnhof. Die Nothwendigkeit einer solchen Verbindungsbahn ist von keiner Seite bestritten worden. Man zankte sich aber Jahre lang über die zu nehmende Richtung, und namentlich klagten die Gefühlspolitiker, daß Hamburgs schöne Wallanlagen durch diesen Bau ruinirt werden würden. Dieses innerlich hinfällige Bedenken war nahe daran, den ganzen Bau in Frage zu stellen, wenn nicht durch die obengeschilderte Zusammensetzung der Bürgerschaft die kaufmännischen

Interessen auch hier der Majorität gewiß gewesen wären.

Nun aber war ganz Hamburg auch über einen andern Punkt einig. Nämlich, daß es am zweckmäßigsten wäre, wenn genannte Bahn, vom Berliner Bahnhof den Brookthorswall entlang über den Kehrwieder und die Vorsetzen gehend und dem Elbufer in Altona folgend, direkt am altonaer Bahnhof ausmünden würde. Man hätte dadurch erhalten, was der ersten continentalen Handelsstadt fehlt: **Molos.** Man hätte nicht ferner nöthig gehabt, beim Löffen und Laden der Schiffe sich von — Ebbe und Fluth in den „Flethen" (Kanälen) der Stadt abhängig zu machen! Vielleicht wäre dadurch sogar ein sicherer Schutz gegen die Sturmfluthen erzielt, welche alljährlich zu wiederholten Malen die Kellerbewohner an den Vorsetzen aus ihren Wohnungen treiben.

Aber — — dazu fehlte das Geld. Man sagt, ein solcher Bau würde ca. 60 Millionen Mark Banko kosten. Steigern sich die Anforderungen an den Verkehr, zwingen diese Anforderungen, die Benutzung des von Fluth und Ebbe abhängenden Fahrwassers der „Flethe" aufzugeben, einen Molo und an denselben Speicher zu bauen, so wird jenes großartige Werk doch ins Leben treten müssen und — — **wo ist die Steuerkraft, die es ausführt?!** — — — —

Die Elbüberbrückung nach Harburg scheitert, weil Hannover das dortige Speditionsgeschäft (welches im modernen Verkehr längst alle Berechtigung verloren haben möchte) nicht fallen lassen will;

weil die künstlich getriebene Rhederei Harburgs durch
Chikanen gegen Hamburg conservirt werden soll.

Aber seien wir gerecht. Nicht Hannover allein,
auch hamburgische nepotische Einflüsse scheinen hier mit
zuwirken. Eine Anzahl maßgebender Familien besitzt
Grundstücke am rechten Elbufer in Nienstädten 2c.,
und man fürchtet, so seltsam es klingt, die Entwerthung derselben
durch eine bessere Communication mit dem linken Elbufer!
Die Dampffährengesellschaften nach Harburg 2c., die Spedi=
teure hüben und drüben, kurz eine Anzahl einflußreicher
Privatinteressen vereiteln das Werk und werden
es vereiteln, bis die Noth sie zwingt, es in's Leben zu
rufen. — Es bedarf keines bessern Beweises des Gesagten,
als daß es einer Anzahl Kaufleute abgeschlagen wurde,
aus eigenen Mitteln wenigstens die Norderelbe zu
überbrücken und proponirte der Senat ganz gemüthlich die
Anschaffung neuer Schneckenfähren statt dessen!

Es ist leider eine traurige Thatsache: Wenn wir
großartige Schöpfungen in Hamburg erstehen sehen, so
nehmen wir gleichzeitig stets wahr, daß das
Privatinteresse s. g. Rathsverwandten da=
bei seine Rechnung findet und haben stets auf
diesen Impuls zu warten, um Etwas Gedeih=
liches zu erhalten. Die Kosten aller solcher zweck=
mäßigen Neuerungen aber trägt die Gesammtheit einer
Bevölkerung, welche nicht nennenswerth zunimmt, aus
welcher der solide Mittelstand immer mehr ver=
schwindet, ja, wo sogar der mittlere und kleinere Kauf=
mann immer mehr in den Hintergrund gedrängt wird
durch denselben Nepotismus, der — merkwürdiger Weise —

für Hamburg Lebensbedingung ist. In dieser Weise zersetzt sich staatsökonomisch unser kleiner Freistaat. Je theurer seine Administration, desto besser für den Handel. Aber woher sollen diese Mittel zuletzt kommen, um die berechtigten Ansprüche des Handels zu befriedigen? Der Handelsstand krystallisirt sich zu einer Aktiengesellschaft zusammen und alsdann — — kommt das „Ei" theurer zu stehen als die „Henne" und der Handel selbst verfällt der Zersetzung.

Eine Vertröstung auf das "après nous le déluge" ist hinfällig. Mit der Annexion der Elbherzogthümer erheischt es das **Interesse** Preußens gebieterisch, der Stadt **Altona** seine ganz besondere Protection angedeihen zu lassen und es bedarf nur einer Mauer zwischen Hamburg und dem Zollvereinshafen Altona, nebst Begünstigung der Zollvereinsflagge, um den Handel Hamburgs zur Emigration zu treiben — und mit ihm die letzte Steuerkraft der Republik.

Dann mögen die Rathsherren auf ihren currulischen Sesseln mit sammt ihrem „Hoheitsrecht" sich begraben lassen und die „Masse" Hamburgs nach ihrem Tode für staatsbankerott erklärt werden.

Die staatsökonomische „Selbstständigkeit" Hamburgs ist somit von der **Gnade** Sr. Majestät des Königs von Preußen abhängig. Unser Handel ißt **königlich preußisches Gnadenbrod**. Unsere Steuerkraft desgleichen. Ein leiser Ruck an der Schnur, an welcher wir flattern, und unsere anachronistische staatliche Existenz liegt ökonomisch todt am Boden.

Allerdings ist es ein Unglück, daß Hamburgs Kaufleute zum Theil hohe Politik treiben wollen! Es wird
ihnen „zu wohl" und sie gehen deshalb auf das ge-
fährliche „Eis". Die kaufmännischen Mußestunden werden
solchergestalt mit Parlamentarismus (NB. Abends wenn
die Theaterzeit beginnt) ausgefüllt. Das Selbstvertrauen,
Universalgenie zu sein, bringt Kaffee- und Baumwollen-
händler in die Militairverwaltung u. s. w., wo die
künftigen Rathsherren ihre Ausbildung erhalten, indem
die Privatinteressen bestmöglichst zu wahren gelernt
werden. Dies ist kein Vorwurf für die betreffenden
Herren, denn ihre Interessen sind zugleich die Interessen
des Handels. Aber indem sie streben, Hamburg zu einem
continentalen Liverpool zu machen, vergessen sie, daß
hinter Liverpool ganz England steht; hinter uns
steht — der Hammer, der Lübsche und der Eims-
bütteler Chausseebaum! Werden anderseits die for-
cirten Anstrengungen für das kaufmännische Privatinteresse nicht gemacht, so bleibt der ganze Handel
zurück; also die hamburgische Staatsverwaltung ist gebieterisch gezwungen, die Mehrzahl der Steuerkräfte
zu Grunde zu richten.

Folgende Beispiele mögen darthun, wie theuer die
Verwaltung der staatlichen Selbstständigkeit von
280,000 Seelen zu stehen kommt.

Der Senat kostet jährlich . . . . Ct.ℳ 387,498. —.

Die Volksvertretung dagegen nur „ 54,950. —.

Das Bauwesen . . . . „ 2,184,459. —.

Das Militairwesen . . . . . „ 927,030. —.

Das Unterrichtswesen nur . . „ 144,714. —.

Das Justizwesen . . . . . . Et. ℳ 340,019. —.

Das Polizeiwesen, Gefängnisse ꝛc. „ 876,390. —.

Diplomatie total . . . . . „ 118,575. —.

Außerordentliche und unvorhergesehene
Ausgaben . . . . „ 344,919. —.

Die Revenüen dieser Verwaltungszweige stehen hiezu in traurigem Verhältniß. Es belaufen sich z. B. Die Einnahmen der Polizei auf . Et. ℳ 27,300. —.(?) (Im J. 1865 nur auf Et. ℳ 7500.!)

DieEinnahmenderSenats=Kanzlei „ 12,600. —.

„ „ des Bauwesens . „ 66,000. —.

„ „ des Bürgermili=
tairwesens . „ 5,200. —.

„ „ der Gerichte ꝛc. . „ 93,500. —.

Die außerordentlichen Ein=
nahmen sind veranschlagt auf „ 70,374. —.

Wir wiederholen es: wir sprechen keinen Tadel der Verwaltung aus. Wir fügen hinzu, daß unser s. g. „Hoheitsrecht" eine solche kostspielige Verwal= tung eines Staates von 280,000 Seelen nothwendig macht; daß diese Verwaltung eben so nothwendig von Jahr zu Jahr theurer werden muß.

Aber: ist die Nothwendigkeit eines ham= burgischen „Hoheitsrechts" vorhanden? — — —

Bei weitaus den meisten Fragen, welche in der ham= burger Bürgerschaft zur parlamentarischen Verhandlung kommen, sind eine größere oder geringere Anzahl von Abgeordneten persönlich interessirt. Es kann dies auch kaum anders sein; denn ein Abgeordnetenhaus von

192 Mitgliedern bei einer Staatsbevölkerung von nur 280,000 Seelen muß nothwendigerweise immer eine An= zahl persönlich Interessirter bei fast jedem Vorschlag zählen. So kann man bei den meisten Fragen sagen: die persön= lichen Interessen biscutiren und dann hält kein prinzipielles Parteiprogramm Stand; die politisch hetro= gensten Leute machen gemeinsame Sache mit einander.

Man hat versucht, das jetzige Conscriptions= und Stellvertreterwesen beim Militair abzuschaffen. Daß dies wünschenswerth sei, darüber waren alle Mitglieder unseres Musterparlaments einig. Als aber die positive Seite der Frage beantwortet werden sollte, schauderten ⅞ der Volksvertretung vor dem Antrag auf allgemeine persönliche Dienstpflicht. Kein Wohlhabender besitzt Achtung vor dem Militairstande und Patriotismus genug, seinen Sohn dienen zu lassen. Von anderer Seite wurde ein Werbesystem in Vorschlag gebracht. Dieses fiel, weil die Finanzen unseres Staates ein solches Expediens nicht zuließen und — alles blieb beim Alten, denn der Gegenstand drohte persönliche Interessen zu verletzen.

Seien wir auch hier wieder gerecht und billig. In einem so kleinen Gemeindewesen, wie das hamburgische, welches nun einmal an der Schwäche leidet „Staat" spielen zu wollen, sind die politischen Kapazitäten nicht im Ueberfluß vorhanden, und in einer Versammlung von 192 Abgeordneten, welche einer Stadt angehören, wird die politische Intelligenz Einzelner stets von den persön= lichen Rücksichten und Interessen Aller geschlagen werden.

Um fo bemoralifirender muß — der Natur der
Sache nach — daher der Parlamentarismus in einem fo
kleinen Staate wirken. Der Mangel an Kapazitäten zwingt
dazu, in die Bürgerschaft eo ipso Leute zu delegiren,
welche die Intelligenz repräsentiren. So fitzt das halbe
Obergericht im Parlament, ⅓ des Niedergerichts und,
wie oben gezeigt wurde, spielt die Administration ihren
eigenen Gesetzgeber.

Die persönlichen Interessen der Mitglieder,
welche überall in's Treffen kommen, verleihen dem ham=
burgischen Parlamentarismus daher den Charakter der
Gereiztheit, zumal Interesse mit Neid und Mißgunst
zu kämpfen hat. Geradezu als **unfittlich** aber müssen
wir es bezeichnen, daß die Mitglieder des Richter=
standes in das Parteitreiben verfassungsmäßig hinein=
belegirt werden. In dem kleinen Hamburg, wo die Leute
einander faft alle persönlich kennen, wo die Beziehungen
lokaliter fo beschränkt find, taugt es nicht, daß man die
Richter zu Parteimenschen der Politik macht, daß fie
fich auf der Tribüne zanken müssen über Fragen der
Administration ꝛc. Es überträgt fich die parlamentarische
Gereiztheit unwillkürlich in's bürgerliche Leben und die
Erkenntnisse unserer Gerichte gegen politische Gegner
geben laut Zeugniß davon, daß unsere Richter — —
den Gesetzen der schwachen Menschennatur
gehorchen.

In einer Maikäferschachtel müssen die Maikäfer,
wenn fie auf einem Haufen liegen, einander kratzen und
beißen.

Unser Justizwesen selber ist bekannt. Es ist das
theuerste und schleppendste in ganz Deutschland. Die un-
bedeutendste Civilsache, läge sie auch noch so klar, ist jeder
Advokat im Stande, Jahre lang hinzuziehen und mit bei-
spielloser Bereitwilligkeit geben die Richter jeder, auch der
läppischsten Einrede in Proceßsachen Gehör. Ein echter
Hamburger weiß gar nicht, wie ihm geschieht, wenn er
in den Gerichtszeitungen von Wien und Berlin das kurze,
einfache Verfahren liest.

Die Stadt Hamburg zählt 153 Advokaten; also auf
je 1830 Seelen ein Advokat und dennoch ist die
Advokatur der sicherste Broderwerb in Hamburg. Nicht
etwa, daß die Hamburger streitsüchtig wären; im Gegentheil! wir sind die friedfertigsten Leute von der Welt.
Allein das Reich der veralteten Formalien, in denen
die Juristerei unumschränkt herrscht, kann jeden Proceß
zu einer Milchkuh für den Advokaten machen und die
Gerechtigkeit in Hamburg erscheint als eine Versorgungsanstalt für Juristen. Die Ausführung dieses Kapitels
erforderte ein Buch; wir appelliren daher an die Herren
Advokaten selbst, ob es, außer England, einen Staat in
der Welt giebt, wo die Justiz theurer, langsamer und
unbegreiflicher ist, als in Hamburg.

Das traurigste aber ist, daß unsere richter-
lichen Instanzen mit **politischen Parteiführern**
besetzt sind, eine Besetzung, welche sich bis in das
Oberappellationsgericht in Lübeck hinein erstreckt. Der
enge Rahmen der politischen Parteiarena, der Mangel
an Kapazitäten, zwingt uns gleichsam dazu, die nothwendige Reinheit und Integrität des Richterstandes durch die

politische Parteileidenschaft besudeln zu lassen. Die Lokal= Beschränktheit unserer Verhältnisse, wo die Interessen und Leidenschaften einander nicht aus dem Wege gehen können, auch wenn sie wollten, bringen eine Friktion der Charaktere zu Stande, welche verderblich für das Vertrauen zur Justiz geworden ist und den Glauben an die Gerechtigkeit der Tribunale erschüttert. Es ist dies in den beschränkten Verhältnissen, in welchen wir leben und in denen jedes „Ich" sich gleichsam zum Mittelpunkt des Ganzen macht, nicht anders möglich. Der Richter **kann** in Hamburg nicht über den Parteien, nicht über den Interessen stehen und so erzeugt sich, figürlich gesprochen, ein juristisches Faustrecht, wo die Grenze zwischen kleinstädtischer Naivetät und Unverschämtheit schwer zu ziehen ist, und wo mein „Vetter" ein „braver Mann" sein muß, da ich ihn ja kenne; wo der „Vetter" meines Nachbarn schon weniger brav sein muß, weil ich ihn nicht so genau kenne; wo aber Peter und Paul, welche weder meine, noch die „Vettern" meines Nachbarn sind, sondern Leute, die an der Unfehlbarkeit hamburgischer Institutionen zweifeln, eo ipso sehr böse Menschen sein müssen, die vielleicht in der Bürgerschaft sich gar erfrechen, einen Obergerichtsrath zu ärgern, welches exemplarische indirecte Strafe verdient, durch deren Herbeiführung man dem „geleisteten Bürgereid" entspricht und „die Stadt vor Schaden bewahrt".

Der Apparat unserer Justiz ist auf ein großstaat= liches Wesen eingerichtet; die Zahl der Personen, auf welche er losarbeitet, ist eine beschränkte und so bildet sich unwillkürlich der Richter zur subjektiven Existenz aus, weil sein Bewußtsein keine große sittliche Grundlage hat.

Was unser Schulwesen betrifft, so kostet der Besuch einer guten Schule in Hamburg 40—80 ₰ jährlich. Der Besuch eines preußischen Gymnasiums kostet,
wenn wir nicht irren, 20—25 ₰ pro Anno. — Außerdem haben wir in Hamburg eine große Anzahl „fashio-
nabler" Schulen, in denen die Kinder allerdings Etwas
lernen, wo ihnen aber auch zugleich von Jugend auf
jener spießbürgerliche Kastengeist eingeimpft wird, der
sich im Mannesalter entsetzt, wenn man den Söhnen
hamburgischer Kaffeehändler zumuthet, der Militairpflicht
persönlich Genüge zu leisten, und denen die wahrhaft
demokratische Organisation der preußischen Armee ein
Gräuel ist. Wir sagen mit Absicht „demokratisch"; denn
die „Bevorzugung des Adels" in der preußischen
Armee ist in Realität Nichts als das Privilegium, im
Kriege par excellence todtgeschossen zu werden, wie dies
die Listen der gefallenen Officiere in allen modernen
Schlachten zeigen.

Der hamburgische Staat, dessen Militairspielerei
Ct.₰ 927,030. —. kostet, der für seine „Diplomatie" (!)
Ct.₰ 118,575. —. verschwendet, hat in seinem Budget
für das Unterrichtswesen nur Ct.₰ 144.714. —.
gebucht. In dieser Summe sind einbegriffen

Für die Stadtbibliothek . . . . Ct.₰ 9,650. —.

„ „ Unterhaltung des botani-
nischen Gartens . . . . . „ 12,050. —.

Ct.₰ 21,700. —.

So verausgaben wir für ein halbes Dutzend hamburger Would-be-Diplomaten fast eben so viel,
wie für den Unterricht unserer Jugend.

4

Aber wir wollen auch hier leidenschaftslos, gerecht und billig sein. Der politische Zuschnitt, den unsere krasse Eitelkeit unserm Kleinstaat giebt, nöthigt uns zu einer solchen abnormen Repartirung unserer Ausgaben. Wir haben das — völlig richtige — Bewußtsein, daß Hamburg eine Großmacht des Handels ist; über= sehen aber, daß uns zu einer handelspolitischen Großmacht, nach deren Schein wir nur trachten, das Hin= terland fehlt, und daß 280,000 städtische und vor= städtische Seelen nicht hinreichen, auf die Dauer den An= forderungen der Zeit zu genügen, um diesen handels= politischen Großmachtsschein zu retten.

Sind wir intelligent genug, um realistisch zu werden? —

Der hamburgische Senat, als die oberste Exekutiv= behörde, die Spitze der Regierung, besteht aus:

18 Senatoren,
2 Syndici,
4 Secretairen,
1 Archiv-Registrator,
7 Senats-Kanzlisten,
1 „ Kanzleiassistenten,
3 „ Boten
1 „ Buchdrucker,
1 Rathhausschließer,
1 Gehülfen,
9 Rathhausdienern.

48 Personen.

Dieser „Apparat" gehört in Hamburg dazu, die Rathsherrlichkeit von 280,000 Seelen zu bilden. Und er ist nach großstaatlichem Zuschnitt eingerichtet. — Was die Zahl der besoldeten Beamten neben der Unzahl s. g. Ehrenämter betrifft, so wollen wir darüber schweigen. Diese exorbitante Anzahl wird bedingt durch unser „Hoheitsrecht" und übertrifft deshalb die Zahl der Beamten des gewaltigen Liverpools, mit dem wir uns so gern vergleichen, vielleicht um das Zehnfache, weil unser Handel sich nicht an ein großes Ganzes anlehnt, sondern, indem er zum Vortheil eines großen Ganzen existirt, dem kleinen Staate alle Lasten aufgebürdet werden, damit der salarirte Senat, die nicht salarirte Bürgerschaft und ein Paar Hundert von nicht salarirten Kaufleuten, welche Ehrenämter in der Verwaltung bekleiden, sagen können: „Der Staat, das sind wir!"

Die menschliche Natur bleibt ein psychologisches Räthsel. Die hamburgische „Selbstständigkeit" ist eine von der Katze gejagte Maus, welche auf der Flucht politisch und ökonomisch sich selbst verzehrt. Faktisch hat diese Selbstständigkeit seit der Auflösung des Hansabundes nie existirt; aber man hatte das Recht, daran zu glauben, wenn wir von der übrigen Welt vergessen waren. Das Eisenbahnwesen und die Telegraphie hat uns dieser idyllischen zeitweiligen Vergessenheit auf immer entrissen. Hamburg ist in die politische Entwickelung gewaltsam hineingezogen worden; es ist der deutsche Knotenpunkt der Weltverbindung, deren Enclave es bisher nur war. Die Enclaven aber sind ein Anachronismus. Der Besitz Lauenburgs und die Annexion der Elbherzogthümer können es nicht dulden, daß ein in

4*

diese Länder eingeteilter kleiner Fleck ihrer Entwickelung Konkurrenz macht, und wir werden in ökonomischer, in administrativer, in polizeilicher und militairischer Hinsicht den preußischen Vorschriften nachzukommen haben. Für den Fall, daß uns Preußen noch eine Zeitlang den Titel und — die Kosten unseres „Hoheitsrechts" ließe, wären wir ein Bedientenstaat; unsere Senatoren Lakaien, welche auf den Ruf „Magnificenz", statt auf den Ruf „Johann!" oder „Christian!" zu hören hätten.

Unsere Presse, unser Vereinsrecht, unsere Redefreiheit würden de facto preußisch organisirt und das etwaige Odium träfe unsere Behörden, welche in eine Position gedrängt würden, wo sie sich in den Augen der eigenen Bürger verhaßt und verächtlich machen müßten. Diejenigen Herren in Hamburg, welche sich berufen fühlen, „Volkstribunen" zu sein, wären condemnirt, ihre Klagen und Beschwerden stets an die verkehrte Adresse zu richten. Kurz, es steht unumstößlich fest: Mit Conservirung aller hamburgischen Schattenseiten (nachdem alle Lichtseiten verschwunden wären) würden wir uns alle preußischen Schattenseiten dazu aufgebürdet haben und machtlos und gemaßregelt von zwei Staaten werden, ohne das Recht zu haben, ein Wort mitzureden.

Gehörte der Gedanke an eine „nordalbingische Republik" leider nicht ins Gebiet der Utopie; könnte Hamburg ein Hinterland erringen, wir würden die eifrigsten Verfechter unserer „Selbstständigkeit", unseres „Hoheitsrechtes" sein. Aber die Zeiten der Genuas und Venedigs sind vorüber. Die Eisenbahn, der Telegraph, das Zündnadelgewehr und die gezogenen Kanonen machen sie unmöglich!

Es bleibt uns daher keine andere Wahl, als daß eine anachronistische Fiction mit Anstand ihr Testament macht und mit dem Bewußtsein, ihre Aufgabe erfüllt zu haben, zu Grunde geht. — Dann, und nur dann, kann man erwarten, auch seinerseits mit Anstand behandelt zu werden. Der Trivialität aber schreibt man auf's Grab:

„Post mortem nihil est".

Es bestimmen uns bei der Befürwortung der Incorporation Hamburgs in Preußen nicht die bundesreformatorischen Pläne des preußischen Staates, nicht das preußische Programm des „deutschen Parlamentes". Wir theilen die desfallsige Auffassung des Grafen Bismark nicht einmal, und es mag seine Sache sein, den Beweis der Productivität dieser — Phrasen zu liefern. Es kann uns selbstverständlich nur lieb sein, wenn unsere bescheidene Skepsis zu Schanden wird. Dagegen erblicken wir in der Politik die einzig solide Basis in der Frage nach dem — **Interesse** der Mächtigen.

Dem preußischen Interesse nicht entsprechend ist die Existenz einer republikanischen Phrase. Eine solche aber ist Hamburg geworden. — Dem preußischen Interesse läuft es zuwider, daß eine selbstständige Militair-Verwaltung in Hamburg existirt. — Eben so wenig kann Preußen eine selbstständige hamburgische Diplomatie dulden. Unsere Freihandelsprinzipien kann es nur in so weit respektiren, als dieselben seine neue Provinz Schleswig-Holstein nicht benachtheiligen und der mächtige preußische Staat besitzt in Altona und dem rechten Elbufer Material genug, um unsere Gesundheit des free-trade „homöopathisch" zu untergraben. Ja, es hindert ihn im Fall von Collisionen mit unserm „Hoheitsrecht" Nichts, die Eisenbahn von Büchen mit Umgehung Hamburg's direkt nach Altona zu führen und den süddeutschen und ostdeutschen Transport in seine Hand zu bekommen.

Haben wir aber Diplomatie, Militairwesen, Polizei und die Autonomie des Verkehrs an Preußen überlassen müssen: **was bleibt übrig?** — —

18 Senatoren, die für Steuereintreibung sorgen, und in ihrer übrigen Zeit auf dem Jungfernstieg spazieren gehen können, damit Preußen alle Vortheile genießt, die ihm Hamburg gewähren kann und seinen eigenen Handel billiger als bisher zu schützen vermag. Denn wir können es nicht stark genug betonen:

Die bloße Anschlußtheorie Preußens ist die Theorie der Aussaugung der Klein- und Mittelstaaten; das Hausmittel, sie für die Annexion reif und mürbe zu machen.

Sie ist eine schlaue Speculation auf die **Furcht** und **Eitelkeit** der Kirchthurmspolitik und auf das persönliche **Interesse** der p. t. Machthaber in den Kleinstaaten. Sie schadet dem Gemeinwesen jener Kleinstaaten direkt und nützt ihnen nur relativ, d. h. erst dann, wenn sie zur Erkenntniß gekommen sind, daß sie in einer solchen Zwitterstellung, wie sie ihnen die Anschlußtheorie vorschreibt, verfaulen müssen.

Ganz anders dagegen gestaltet sich die Sachlage im Fall der vollständigen Annexion. Hier ist das Interesse des ganzen preußischen Staates engagirt, daß Hamburg gedeihe und blühe.

Allerdings verhehlen wir uns nicht, daß wir damit auch alle die „Maaßregelungen“ erhalten werden, welche in Preußen an ·der Tagesordnung sind. Aber — entgehen wir diesen Maßregelungen denn jetzt, wo wir uns nur „anschließen“ sollen?! — — —

Nein! Man fragt uns nicht, ob wir preußische Soldaten in's Quartier nehmen, ob wir unsere Söhne nach Posen ꝛc. oder nach Rendsburg schicken wollen? ob sie Garnisonsdienste zu verrichten oder als Kanonenfutter zu dienen haben? Exekutive und Polizei sind factisch preußisch, aber auf unsere Kosten und — — wir haben nicht einmal das Recht, welches der letzte preußische Schuhflicker hat: das Recht als Urwähler zur Bekämpfung preußischer Schattenseiten mitwirken zu können! — Wir sind de jure Nullen, de facto **Heloten** des preußischen Staates.

Die Wahl ist also nur, ob wir preußische Heloten oder preußische Staatsbürger werden wollen, denn: Eins von Beiden **müssen** wir werden.

Das preußische Interesse erstreckt sich nur auf Staatsbürger; denn die Heloten werden in Berlin eben so wohl wie in Sparta verachtet.

Es ergiebt sich daher ganz von selbst, daß Hamburg eine billigere Regierung und Verwaltung erhält. Denn wenn Hamburg die Handelsmetropole von 22 Millionen Preußen wird, so kommt seinem Empor-

blühen auch die **Steuerkraft** von 22 Millionen zu
gute und wir brauchen unsere hamburger „**Steuer-
schätzungsbürger**" nicht zu fragen, ob eine neue
Brücke 250 oder 251 $^{7}/_{8}$ Fuß lang werden soll? u. s. w.
Sie wird eben so lang und breit, als es die Aufgabe
erheischt, die sie erfüllen soll.

Endlich aber kommen wir auf einen sehr ernsten
Punkt zu sprechen: auf **Hamburgs Mittelstand**.

Die **Freihändler** haben prinzipiell völlig recht,
wenn sie den Satz aufstellen: „**eine Arbeitskraft,
welche der Concurrenz nicht gewachsen ist, ist
nicht existenzberechtigt**". Allein dabei ist nicht
zu vergessen, daß der uns mangelnde Zollverein unsern
Handwerkerstand den Versuch der Concurrenz überhaupt
unmöglich macht und dieser Zollverein, verbunden mit der
jetzigen „**Gewerbefreiheit**", die **Steuerkräfte** des
hamburgischen „**Staates**" reducirt. Würde dagegen
die **Annexion** sich vollziehen, so läge es im **Interesse**
Preußen's, einmal die Stadt Hamburg — vielleicht ver-
schmolzen mit Altona — als **Freihafen** zu belassen;
zweitens aber den Hammerbrook, Grasbrook, die Elb-
inseln 2c. in das **Zollvereinsterritorium** aufzu-
nehmen, und wir fragen jeden Unbefangenen, welchen Aufschwung dadurch Industrie und Handwerk erhielten,
deren Hauptresidenz sofort auf dem Zollvereinstheile unseres Staates sein würde! Welchen Zuwachs einer arbeit-
samen Bevölkerung würde Hamburg erhalten und wie
würde das **Grundeigenthum** im Werthe gewinnen!
Denn was fehlt Hamburg, um bei seiner Lage ein zweites
Liverpool zu werden, als ein großes Hinterland?

Das Engros- und Detailgeschäft in der Stadt würde zunehmen; das durch Elbbrücken ꝛc. verbundene Ge= biet würde dem Mangel an Arbeiterwohnungen abhelfen. Das Schulwesen würde den musterhaften preußischen Zuschnitt erhalten. Die lächerliche Soldaten= spielerei würde Leistungen einer Marine Platz machen und Arsenäle und Docks von selbst, auf Kosten eines großen Ganzen, schaffen. Ja! vielleicht käme auch Licht in die Juristerei, in das Advokaten= thum Hamburgs, wenn die Justiz keine politische Parteikatzbalgereien mehr treiben dürfte und die ganze Abministration (die es in Hamburg noch nicht einmal bis zur Construction praktikabler Briefkasten gebracht hat!) würde preußisch, folglich tabellos.

Gegen diese immensen materiellen und geistigen Vor= theile — sollen wir dagegen in der andern Wagschale noch den Hoheitstick von 18 Senatoren, (wenn ein solcher „Tick" in der Rathsstube überhaupt existirt,) die Selbst= gefälligkeit einiger Politik treibenden Obergerichts= räthe, die Eitelkeit einer Anzahl guter Leute, die sich im hamburgischen Parlamente gern reden hören, aber weder die Kraft noch die Fähigkeit in sich fühlen, in einem großen Staate den Kampf um die Freiheit des Volkes mitzukämpfen, die steifleinene Wichtigthuerei einiger Kaufleute, welche in der Verwaltung Ehrenämter bekleiden und einst Senatoren zu werden hoffen, — sollen wir diese winzigen Faktoren noch als Gewicht in der andern Wagschale respektiren?

Zur Annexion drängen also:

1) Die Vermeidung politischer Entehrun

2) Die innern, von persönlichen Interessen
abhängigen Zustände.

3) Die Oekonomie unseres Staatshaus=
halts.

4) Die Zukunft unserer Bedeutung als Handels=
stadt.

5) Die geistige Hebung unserer Bevölkerung durch
ein besseres Schulwesen.

6) Die Nothwendigkeit,
    a) eine bessere Justiz,
    b) eine bessere und billigere Verwaltung
zu erhalten.

7) Die Nothwendigkeit der Neugestaltung Deutsch=
lands überhaupt.

* * *

Wir haben auf das leichte und billige Vergnügen
einer betaillirten Zergliederung unseres kleinen Staats
verzichtet, da dieses nicht hätte geschehen können, ohne den
Verdacht der Animosität gegen Personen und Sachen auf
uns zu laden, und auch, um andererseits den Versuch
einer Widerlegung unserer Ansichten zu vereinfachen.

Hinzuzufügen haben wir noch, daß unser specifisch
hamburgisches Bewußtsein ein angekünsteltes ist. Denn,
lieber Leser, es ist ohne allen organischen Ursprung. Bist
du, der dies liest, ein geborner Hamburger? — so
frage dich, ob dein Vater, dein Großvater es eben=
falls waren? und untersuche, in wie weit dein Fami=
liengeschlecht mit der tausendjährigen Tradition
Hamburgs zusammenhängt! Schön und berechtigt war
der Stolz jener alten „Hanseaten" aus den Zeiten

Wullenweber's u. A. Die Hansa war, damals eine Macht und das Schwerdt konnte Elle und Wage beschützen. Je näher nach unserer Zeit, desto mehr verschwindet die geschlechtliche Bedeutung der Hamburger. Wir sind weitaus zur großen Mehrzahl Einwanderer von väterlicher oder mütterlicher, oder von beiden Seiten, und du brauchst nur einer Sitzung unserer Bürgerschaft beizuwohnen, um zu hören, wie die Dialekte unserer Volksvertreter das affektirte specifische Hamburgerthum Lügen strafen. Nenne mir in ganz Hamburg nur 2 intelligente Leute, welche auf ihrem Stammbaum dir einen hamburgischen Urgroßvater nachweisen können. Im ganzen Staatskalender haben wir nicht Einen finden können. Das specifische Hamburgerthum ist eine Schlingpflanze, aber kein starker Stamm mehr, und der Gefühlspolitiker hätte, bei Lichte besehen, mehr als jeder Andere die Annexion zu befürworten.

Uns erscheint diese Furcht, „preußisch zu werden," wie die Angst vor dem ersten Bade. Ist man im Wasser, so stärkt es die Glieder. Und wie haben wir Alle über den Augustenburger gespottet! Nun, wir sollten denken, daß wir keinen Grund haben, noch augustenburgischer als augustenburgisch zu sei·.

Erreden, erträumen, erhoffen läßt sich ein „einiges Deutschland" nicht. Es ist die Frage, ob es überhaupt jetzt möglich ist. Wir z. B. glauben Nein, und stimmen für die Biarchie zwischen Preußen und Oesterreich, damit die Völker erst Erfahrungen sammeln und ein Wetteifer der beiden Großmächte bestehe, bei dem die Völker nur gewinnen können. Wir haben es hier nur mit der **praktischen** Seite des **Nordens** zu thun und mit **vollendeten Thatsachen**, die uns ohne Paß= karte auf den Leib rücken, und da muß die „Dichtung" aufhören, „so allgemein als möglich" zu sein. Wir fordern nicht zum Umsturz der bestehenden Behörden auf, sondern unterbreiten denselben unsere Ansicht offen und loyal der Prüfung und überlassen es ihrem Urtheil, ob sie eine Lächerlichkeit zum obersten Staatsprincip machen, einem **Anachronismus** ein Scheinleben fristen wollen? — —

Aber nicht minder ernsthaft richten wir an die königlich preußische Regierung die Frage, ob sie eine **politische Perfidie** begehen will, indem sie den Klein= staaten, welche machtlos in ihrem Rayon liegen, ihre **Anschlußtheorie** aufzwingt?

Wir haben keine Lust, königlich preußische **Vasallen** zu werden, und würden die Einmischung des Aus= landes vorziehen, wenn es kein anderes Mittel gäbe, einer solchen **politischen Entehrung** zu entgehen. Wir beanspruchen das Recht des preußischen Staats= bürgerthums mit den „Dornen" auch die „Ro= sen". Wenn unsere Söhne sich „unter Preußens Führung" (man verzeihe diesen unverständlichen Terminus) todtschießen lassen sollen, so müssen unsere Söhne auch die Rechte der preußischen Kameradschaft genießen.

Wir erwarten daher von der königlich preußischen Regierung „fair play" — **Ehrlichkeit.**

Schlußwort.

In der Politik muß der Verstand und das Interesse entscheiden; nicht der Absolutismus des Gefühls;
am wenigsten individuelle Sympathien oder Antipathien.
Wären diese maaßgebend, es würde in ganz Hamburg
wohl kaum einen Zweiten geben, welcher persönlich mehr,
sowohl gerechten als billigen, Grund hätte, verstimmt
gegen Preußen zu sein. Mir hat dieser preußische Staat
bereits im Jahre 1847, alles „Hoheitsrecht" unserer
Republik mit Füßen tretend, meine Existenz zerstört und
mich in's Gefängniß gebracht. Den Anlaß dazu bildete
ein doppelt censirter Zeitungsartikel, in dem
damals von mir redigirten Blatte „Mephistopheles",
dessen Wiedererscheinen erst durch die Märzrevolution von
1848 ermöglicht wurde. Und — sonderbares Verhängniß!
— in jenem Artikel wurde der moderne Parlamentarismus in weit schüchterner Weise verspottet,
als dies heute in allen preußischen Regierungsorganen
geschieht! Dennoch verstand es sich wohl von selbst, daß
mich diese mir widerfahrene Unbill nicht hindern konnte,
im September 1849 die Incorporation⸱ Hamburgs in
Preußen zu befürworten.
Wir hatten nämlich damals nach jenem künstlich ge-
machten Krawall vom 13. August eine preußische Straf-
besatzung erhalten und wurden behandelt ungefähr wie die
Hannoveraner, Sachsen, Kurhessen u. f. w. in
diesem Jahre des Heils und Unheils, 1866, behandelt
werden; d. h. wir genossen schlimmere als alle
Nachtheile einer preußischen Provinz, ohne
einen einzigen Vortheil derselben zu genießen;

unfer ganzes „Hoheitsrecht" hatte sich als mürbe und baufällig erzeigt und war ein bloßer Luxusartikel geworden; eine Crinoline, tauglich, die welkende Plastik eines alternden Frauenzimmers zu verdecken.

Indem ich im Februar 1864 als erster Apostel der Annexion wieder auftrat, habe ich dem preußischen Staate manchen ausgesprochener Maaßen nicht unwesentlichen Dienst geleistet. Meines Knopfloches Jungfräulichkeit ist an keinen „Adler" verloren gegangen; ich habe keine „Anstellung" erhalten, (mich auch um Beides nicht bemüht); die confidentiellen Beziehungen, in welchen ich zu geistreichen, patriotischen und einflußreichen Persönlichkeiten stand, schienen mir ein besseres Equivalent für meine Thätigkeit als der Stellenjägerlohn, nach welchem sich alle jene Renegaten drängten, welche, vom krassesten Augustenburgerthum langsam abschwenkend, hinter den Erfolgen der preußischen Politik herzuckelten und sich an die Staatskrippe brachten, wo sie die fürtrefflichsten J=A= Schreier geworden sind.

Wie alle selbstständig denkende Charaktere, fiel auch ich nach dem Tage von Gastein in „Ungnade", ohne daß mich das hindern konnte, meine Annexionsidee fallen zu lassen. Es ist wahr, ich war einer der Allerletzten, welche in's schwarze Buch der neuen Ordnung der Dinge kamen. Man bot mir sogar Protektion an; man drängte sie mir förmlich auf, und wenn ich sie dennoch — nachdem ich Zeit und Geld geopfert — mit dem Fuße von mir stieß, so geschah es, weil man mir — **Dummheiten und Infamien** zuzumuthen sich erfrechte.

Als Gefühlspolitiker habe ich somit ein unbestreitbares Recht, in das große Horn des Partikularismus

mit Andern zu blasen, vorzuschützen, daß ich mich „ge=
irrt" habe, daß die „preußischen Zustände" von
mir aus „eigener Erfahrung" studirt seien; kurz, ich könnte
mir leicht und billig eine bequeme Rückzugsbrücke in's
Lager der allein seeligmachenden s. g. „Fortschrittspartei"
bauen.

Unglücklicherweise für einen solchen Tag von „Da=
maskus" haben mich die tiefen Einblicke, die ich in das
preußische Staatswesen thun konnte, haben mich die per=
sönlichen bittern Erfahrungen grade in meiner Ueber=
zeugung von der Nothwendigkeit des Annexionsprinzips
bestärkt, und wenn das Gefühl oft die Hand krampf=
haft nach der Reitpeitsche zucken ließ, um gewisse
„dunkle Subjekte" zu züchtigen, so bewahrte der Verstand
doch den Kopf, den Personen und Sachen eine andere
Bedeutung zu verleihen, als dieselben verdienen.

Ganz gewiß erkenne ich das Recht der Revanche
an und ich bin selbst in diesem Augenblick mit einer
Arbeit beschäftigt, in welcher ich schonungslos unter dem
Titel: „Dreißig Monate Annexionspolitik",
aufdecken werde, was ich an Dummheiten und In=
famien zu beobachten Gelegenheit hatte. Aber die
„Moral", welche ich aus dem Allen ziehe, ist wieder
keine andere, als die Ueberzeugung, daß man sich eine
Position erobern müsse, wo man „preußische" Dumm=
heiten und Infamien mit Erfolg bekämpfen kann.

Meine gleichgesinnten Freunde und ich haben —
ebenfalls zum Verdruß der Männer der neuesten preußi=
schen Aera und ihrer servilen Subjekte — kein Mittel
unversucht gelassen, um den unserer Meinung nach wider=
sinnigen Krieg zu verhindern und wir jubeln auch heute

nicht über die preußischen Siege. Im Gegentheil, wir
eſtimiren Graf Bismark heute **weniger**, weil es keine
Kunſt iſt, daß die Staatskunſt, wo ihr der Eſprit
ausgeht, zu Kanonen greift; weil wir die Nothwendigkeit nicht einſehen, durch den Kannibalismus eines Bürger-
krieges zu erreichen, was man zehnmal hätte haben können,
wenn man in Preußen nicht ſelbſt angefangen hätte, ro-
mantiſche Gefühlspolitik und Phraſenthum zu treiben.
Endlich, weil wir entſchieden gegen die Ausſtoßung
Oeſterreichs aus Deutſchlands waren und ſind.
Alle dieſe Punkte finden an einer andern Stelle
ihre Beleuchtung und Rechtfertigung. Auf das Prinzip
der Annexion in Norddeutſchland können ſie nicht influiren,
ſo wenig wie der ſervile charakterloſe Ton des Renegaten-
und Mouchardthums, der im „Beobachter a. b. Elbe“
mein langweiliger Nachfolger iſt und den Speichel der
Conceſſion ꝛc. zu lecken ſucht.

Der geneigte Leſer wolle alſo die Verſicherung hin-
nehmen, daß ich die jetzige „preußiſche Wirthſchaft“ ſo
corbialement haſſe, wie nur irgend Einer, und wie er
mir in der ganzen Zeit meiner publiciſtiſchen Thätigkeit
auch nicht eine Zeile jenes hündiſchen Servilismus,
welcher jetzt auf die Tagesordnung zu kommen ſcheint,
wird nachweiſen können, eben ſo wenig wird er an meiner
Aufrichtigkeit zweifeln, wenn ich ihm die fernere, eigent-
lich überflüſſige, Verſicherung ertheile, daß dieſe Schrift
in keiner Weiſe weder officiell, noch officieus „veranlaßt“ iſt.

W. M.